旅と
オーガニックと
幸せと

WWOOF《ウーフ》農家とウーファーたち

星野紀代子
Kiyoko Hoshino

コモンズ

はじめに

WWOOF（ウーフ）という言葉を耳にしたことは、あるだろうか？
WWOOFは、旅人と有機農家をつなぎ、できることを相手にしてあげる、というお金のやり取りをしない交換の仕組みで、人と人との交流だ。World Wide Opportunities on Organic Farms（直訳は、世界に広がる有機農場での機会）の頭文字である。農家は、日本人だけではなく、アメリカ、台湾、フランス、香港、タイ、ドイツ、イギリスなど世界各国からの旅人を受け入れている。旅人と農家が家族のようになって、お互いのことを考えつつ一緒に生活する。

私は、WWOOFジャパン事務局を運営している。長い間、農家の人たちと接してきて、気づいたことがある。なんだか幸せそう、なのだ。

日々楽しそうで、生き生きしている。経済的にはそれほど余裕があるように思えないのに、いったいなぜ？　生きづらいこの世の中において、もしかすると、この人たちの生き方を見ていくことで、何かのヒントが得られるのではないか。現代を生きる私たちが意識しなくてはいけないことが、少しはわかってくるのではないだろうか。

そんな思いを持って、幸せに関する本を読んだり、あれこれと考えてみたり、直接農家の人たちに幸せについて質問してみたりした。もらった回答と農家の生き方を見ながら、数字を出したり比較したり、数年にわたって角度を変えながらよく見つめてみた。幸せという主観的で漠然としたものを取り扱うことは、当然ながらかなり難しい。だが、農家の動向から、ぎらりぎらりと渋く光るものが感じられてきたのだ。その光源は何かと目をこらしてみると、「旅」が発していた。

「旅」を概念として考えると、動きだ。硬直した思考を持つのではなく、融通性と寛容性で、あちらへ行ったりこちらへ漂ったりできる心を持つこと。

旅、ＷＷＯＯＦ、そして有機農という生き方をキーワードにして、この本の中で、幸せで気持ちのよい生き方とはどんなものなのか、少しずつ探り出していこうと思う。

最初に、旅について見ていく。旅にどんな効用があるのか。どうして人は旅に出るのか。旅を暮らしに取り入れることで、社会そのものに変化をもたらしていくことができるのではないか。日本社会の現状はどんな感じで、人びとはそれでいいと思っているのか。

次に、ＷＷＯＯＦの仕組みについて説明し、どんな農家たちがいるのかを見ていくと同時に、そこに来る旅人は何を目的にしているのかを探る。また、農家の考え方やデータから、どんな幸せが表れているのかを考えてみる。そして、その農家の幸せな生き方に大いに関わりがありそうな、農薬と化学肥料を使わない有機農業がどのように始まり、広がってきているのかを説明し、有機とオーガニックの相違点も考えつつ、どのように生き方に影響しているのかを見ていきたい。よりよい方向をめざそうとして突き進みすぎると、逆に陥ってしまう危険性についても言及する。

旅と農という、一見関係がないものを取り上げながら、気持ちのよい生き方について一緒に考えていきたい。

いままであなたはどんな生活を送ってきたのか。そして、これからどんな暮らしを続けていくのだろうか。日々満足していて、幸せだろうか。幸せだと感じる心の余裕を持っているだろうか。まわりにいる人たちは、あなたがいることで幸せだろうか。

生まれて、生きて、そして死ぬ。それだけの、無から無へ向かう流れなのだけれど、決してそれだけではない。その数十年間をどうやって生きるのか。どうしたら、自分は幸せになれるか。そして、どうしたら人を幸せにできるのか。そう考えながら暮らしていくことが、人として生まれた責任であり、もらった贈り物ではないか。

ハッとしたり、へーと感じたり、じっくり考えてみたり、行ったことのない場所にちょっとした旅をするような気持ちで、これからのページを進んでいただきたい。幸せで気持ちのよい生き方について考え、一緒に新たな一歩を踏み出していけることを願っている。

もくじ　旅とオーガニックと幸せと

第1章

旅の可能性

（イラスト：Lachlan Herrick さん　アメリカ）

一　旅する意味

ねずみたち、残念！

「ウサギとカメ」「アリとキリギリス」や「北風と太陽」は、紀元前のころ、小アジアに実在したイソップが残したと言われる寓話だ。擬人化され、教訓に満ちた話が多い。暮らす場所を変えようとして失敗する「町のねずみと田舎のねずみ」も、世界各国でよく知られている寓話だと思う。小さいころ、先生か親に読んでもらったことがあるのではないだろうか。

本により、多少アクセントの違いがあるようだ。ハンガリー生まれの絵本作家版の『まちのねずみといなかのねずみ』（ポール・ガルドン著、木島始訳、童話館出版、一九九七年）では、町へ行った田舎のねずみが「ものが　いっぱい　あったって、どきどき　どきどきしながらじゃ、なんのやくにたつんだい？」と嘆いて、さっさと都会を出て戻ってしまう。

似たような筋をテレビアニメの『トムとジェリー』で見たような記憶がうっすらとあ

り、「もしかすると」と思い、何度か検索してみた。すると、記憶は正しかったようだ。ねずみが二匹は登場してこないが、ジェリー単独で主役を張っている短編[1]がタブレット画面に出てきた。

ジェリーが、「田舎暮らしは落ち込んじゃう」と、寝ているトムに書き置きを残して、一匹都会へと旅立つ。きれいなお姉さんたちを見て喜んだり、高層ビルに感激するが、野良ネコに襲われそうになったり、警官に捕まりそうになったり、危険が身のまわりに降り注ぎ、一目散に田舎に帰る。家へ戻ると、まだスヤスヤと寝ているトムを見て安心し、トムに宛てた、まだ本人が読んでいない書き置きをビリビリやぶり、「お家が一番」という看板を自分の部屋の入り口に掲げて、おしまい。これもハンガリーの絵本作家と同じように、「都会はダメよ、田舎がいいのよ」の結末だ。

その二つと趣が異なっていたのが、アメリカ人女性作家ジャン・ブレットの“Town Mouse, Country Mouse”(Puffin Books, 1994)。女性が書いたからなのか、男のねずみだけでなく、その妻も登場していて、町の夫婦ねずみと田舎の夫婦ねずみの四匹が主人公という、ジェンダーセンスのあるプロットになっていた。お互いの夫婦は家を交換することになる。だが、新しい地域、新しい空間に慣れていないので、その場所に存在しているリスクがよくわからず、心休まる滞在ができない。「やっぱり住み慣れた場所が一番いいわ」

という結末になっていた。

ここでは、田舎では、食べ物を取りに外へ出ても急に雨に降られてしまうし、カラスやらカワウソやらハリネズミやらわけのわからない動物に攻撃され、捕獲されそうな命の危険があり、単純に田舎が一番よいとは表現していない。町にはネコがいて、ねずみ捕りが置いてあったりするが、その対処方法については熟知しているので、なんとかリスクを乗り越えていける。慣れている場所が一番だ、と語らせている。

この教訓も一理あるし、何はともあれ田舎だけが最高なのだという結末でないのは、好感を持てる。が、しかし、これで本当によいの？　このねずみたちも、まだ思考が閉ざされていないか？

登場したねずみたちは、自己の心の欲求を逃さずに行動を起こしたことは素晴らしかった。「今はできない、いつか必ず、いやー夢でいいかなあ、でもねえ……」などぐちぐちと思い続け、年を取ったときに、「やっぱりあのとき、出ればよかったんだ、出なかったからこんな不幸な人生になってしまった」とつまらない後悔をせずにすんだのだから。失敗することによって、自分の中で区切りがつけられる。でも、なんとも残念だなあ。ねずみたちはせっかく行動を起こしたのに、また自分の価値観のもとに戻ってしまった。

田舎や都会に一度行ったきりですぐに結果を出してしまうと、価値観が固定され、心は成長しない。こうした意識は、イエスかノーかだけの選択であり、昨今見かける反知性主義や、極端な左か右かの急進的思想へとつながる危なさを持っているのではないか。

そしてもう一つ、「町のねずみと田舎のねずみ」の話は、旅行者としてみても、とても残念なのだ。行ったことのない場所へ移動して、そこにあるさまざまなものを見て、聞いて、匂いをかいで、触って、食べて、そして感動するのは、旅の醍醐味だからだ。

ジェリーは突発的な家出に近い旅に思えるけれど、ハンガリー作家版のねずみたちは一泊旅行のようなもの。そして、アメリカ女性作家版は夫婦二組が住む家の交換をしたので、一組は東京から長野の山奥へ、もう一組は長野の山奥から東京へと長期滞在旅行をしようとした感じか。いずれにしても、旅がどういうものなのかを理解していれば、異なる結末になった可能性が大きい。

人は旅をしていない?

『なぜ、人は旅に出るのか』（近藤康生、ダイヤモンド社、二〇一一年）で、旅行業を営む著者は、「私が今の会社を創業した頃（一九八〇年代）に比べると、驚くほど人は旅をしなくなった。若者などは、ほとんどと言っていいほど旅に出ようとしない時代になっている」と述べている。えっ、本当？　旅行作家で、アジアや沖縄などの地域を頻繁に旅している下川裕治も、「バックパッカーが減ってきているという」と、『バックパッカーズ読本』で述べていた（旅行情報研究会＋『格安航空券ガイド』編集部、双葉社、二〇一四年）。旅の専門家であるこの二人の言うことは正しいのだろうか。

あなたが最近旅に出たのはいつ？　この一年間で家を出たことは何回？

一般社団法人日本旅行業協会の二〇一五年度版旅行統計によると、一四年の日本人の国内宿泊観光旅行の回数は一・二六回、宿泊日数は二・〇六泊で、〇六年の一・七一回、二・七四泊から、いずれも減少している。また、二〇一二年の観光庁の資料『観光産業の現状について』によると、国内宿泊旅行人数は、一九八〇年が二億六〇〇〇万人、二〇〇〇年が三億二五〇〇万人、一〇年は二億九一〇〇万人。二〇〇〇年代初めがピークで、たしかに減少しているようだ。

しかし、海外旅行者に目をやると、一九八〇年代と九〇年代に急激に増加し、以後もその数字をほぼ維持している。図1は、日本旅行業協会による二〇一五年の「海外旅行者」[2]数に基づき、一九六四年から五年ごとの数を示している。二〇〇四年から一四年の一〇年間は一六〇〇万人前後で、約四六五万人だった一九八四年と比べると三倍以上である。二〇〇九年は〇四年より一四〇万人近く減少しているものの、二〇〇〇年代はいずれの年も一九九四年より多い。三〇～四〇年前との比較では、海外旅行者は断然増加している。

図１　海外旅行者（出国者）数の推移

年	日本人出国者数
1964	127,749
1969	492,880
1974	2,335,530
1979	4,038,298
1984	4,658,833
1989	9,662,752
1994	13,578,934
1999	16,357,572
2004	16,831,112
2009	15,445,684
2014	16,903,388

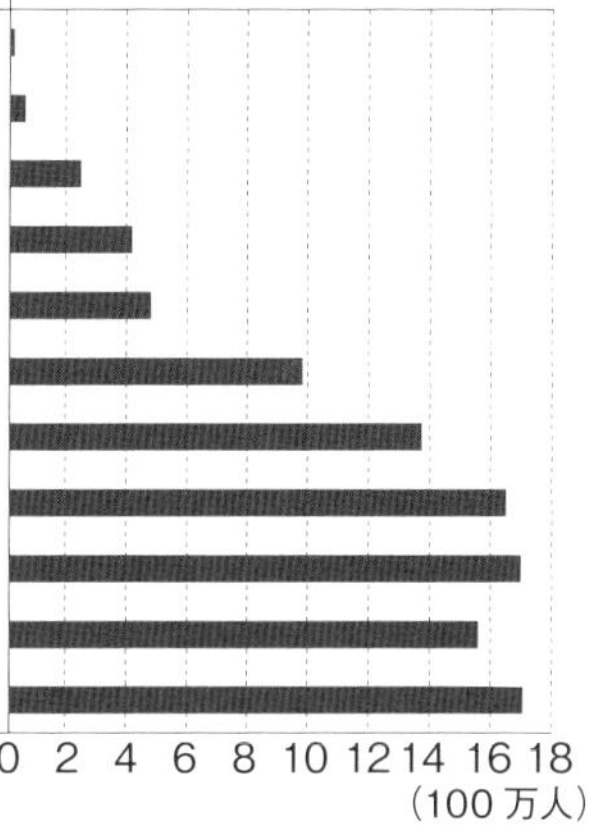

（出典）一般社団法人日本旅行業協会サイトより筆者作成。

一九九〇年代までは、国内旅行でも海外旅行でも、旅行代理店へ足を運んで予約をしていたはずだ。とくに、バックパッカーのような個人旅行では、格安チケットを扱う旅行代理店にはしごして値段を比較しつつ、航空券を購入していたものだ。

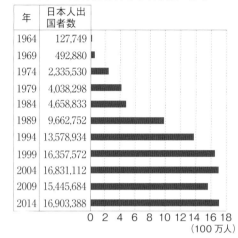

現在は、インターネットからの予約が主流である。代理店を使わず、日によって安く設定している航空券を求め、航空会社のウェブサイトから直接予約する場合も多い。長く旅行業に携わってきた人たちにとっては、カウンターに到来する客数大幅減少で、「驚くほど人は旅をしなくなった」という気持ちが発生するのだろう。

バックパッカーについて言えば、そもそも定義が曖昧なので、増加しているのか減少しているのか明確には答えられない。ただし、東南アジアなどで一九八〇～九〇年代に多かった、小汚そうなTシャツとジーンズにサンダルで、重い縦長のバックパックを背負い、黄色い背表紙のガイドブックを片手に歩くような日本人の若者は、見かけることが少なくなってきた。そこから、「バックパッカーが減っている」という感想につながっているのかもしれない。

最近は、スマートフォンやタブレット、電子書籍があり、重いガイドブックや本を持たずにすむ。荷物は軽量化し、カバンも服装もすっきりとした雰囲気となり、バックパッカー的な旅をしていても、そう見えないだけなのかもしれない。安価で便利なキャリーバッグが手に入るので、荷物を背中に背負わないバックパッカーがいるかもしれない。あるいは、服装がきれいな旅人や、キャリーバッグを持つ若者は、安い宿を使用して地元の人と触れ合い、長期間移動する旅をしていても、「バックパッカー」とは定義されないのか……。

表1　海外旅行者と人口の年齢階層別割合

年齢階層	海外旅行者割合（2014 年）	人口割合（2011 年）
0 ～ 9 歳	3.4%	8.45%
10 ～ 19 歳	5.2%	9.38%
20 ～ 29 歳	16.0%	10.63%
30 ～ 39 歳	18.9%	13.93%
40 ～ 49 歳	20.7%	13.52%
50 ～ 59 歳	17.2%	12.49%
60 歳以上	18.7%	31.61%

（出典）一般社団法人日本旅行業協会サイト、総務省統計局、国勢調査資料より筆者作成。

しかし、バックパッカーも含む海外旅行者に関する統計を見ると、若者人口が減っている割には、まだ旅をしていることがわかる。二〇一一年の二〇代は全人口中一一％弱だが、海外旅行者の割合は一六

％だ（表１）。三〇代が若者かは微妙だろうが、全人口中一四％弱に対して、海外旅行者の割合は約一九％である。どちらも、決して少なくはない。若者たちは案外、旅に出ている。

人はなぜ旅に出るのか

人はなぜ旅に出るのだろう。昭和フォークの歌詞にありそうなフレーズだけれど、よく考えてみると不思議だ。衣食住のように絶対的に必要なものではないし、性欲や権力欲のような欲望に入るものでもないだろう。お盆や年末年始の帰省ラッシュにぶつかると、うんざりしてしまう。夜行バスや飛行機で、日常のスペースと比べると信じられないほど狭い空間に何時間も座っていなくてはならないのは、拷問のようだ。苦痛でたまらない。時間もお金もかかる。しかし、一般の成人で一度も旅行をしたことがないという人は、まずいないだろう。

旅には何らかの効用があるから、人は求めるということ？　食べ物で言えば、果物のような存在なのだろうか。体に良さそうだが、高くて手が出ないときには、買わなくても我慢できる。栄養素で言えば、ビタミン？　食べないとビタミン不足で体の調子が悪くなるように、もしかすると旅をしないと何らかの欠乏症が発症するのだろうか。

旅と旅行。この二つの言葉は、少々ニュアンスの違いがある。「旅」の場合、「人生は旅だ」とか「放浪の旅に出る」と言うように、行き先の不確さを含むと同時に、のびのびした感じがする。ちょっぴり不安な気持ちも入っているだろう。一方、「旅行」の場合は、「日帰り旅行をしてきた」や「研修旅行」などのように、計画性があるときに使うことが多い気がする。

「旅するよ。じゃ、また」と、「旅行するよ。じゃ、また」を比べると、前者はいつ本人が帰ってくるのかわからない気がするけれど、後者は有給休暇を使って、〈沖縄わくわくビーチ四日間ホリデー〉に参加して、お土産を持って予定どおり帰ってくることが約束されている感じだ。「放浪の旅」とは言うが、「放浪の旅行」とは言わない。「観光旅行」と言うが、「観光旅」とは言わない。

いずれにしても、旅や旅行は、ベースにしている拠点からしばらく離れて、また戻ってくる行程であり、どんな手段を使って移動するか、どれくらいの期間なのか、どの場所へ行くのか、何を目的にするのか、という点が旅の要素になる。それらを誰がアレンジするかも、加えられるかもしれない。

ある日、旅行に出るとしよう。出発の前から、その日を想像して気分がいつもより高揚してくる。どんな服を用意しよう。雨が降るかもしれないから、濡れても大丈夫なこっちがいいかな。本に出ているあの観光スポットはパスしても、その代わりにフェイスブックで「いいね！」がたくさんついていた、地元市場のたい焼き屋さんで白あんのたい焼きを食べるのは、はずしたくないな。そこからローカルバスで隣町まで行ってみようかな。その露天風呂に浸かれると、いいわあ。モール泉で肌がつるつるになりそう。いろいろ考えると、そわそわワクワクしてくる。いつものグレーがかった日常に、オレンジ色が加えられるみたい。出発の前から、体に別のエネルギーが入ってくる感じだ。

今いる場所から、別の場所へ移動する。それは、自分やそのまわりにある文化風習から離れることだ。町の景観が異なり、自然環境が別のものとなり、現地の方言が耳に入り、いつもとは違う独特の雰囲気に覆われている世界へ突入していく。

外国へ行けば、さらにその変化が激しい。まず言葉が違う。歴史も宗教も、ときには政治体制も異なるし、何が良くて何が悪いことなのかという常識まで違う。わけのわからない場所で、価値観の違う人の中で、渡り合っていく。

相手や環境に対して、謙虚な気持ちで、全体をしっかりと抱きしめることが大事だろう。その後は、何が同じで何が違っているのか少しずつ咀嚼してみる。驚きや感動が生まれてくる。もしかしたら、反発を感じるところがあるかもしれない。さらに、異質な存在である自分に少数派としての意識が芽生え、心細さと不安がつきまとう。

一人旅は、インパクトの強さが大きくなる。あらゆることについて、一人で計画し、対処していかなくてはならないから。そして、今いる私と、過去の私、これからの私、現在と過去と未来とが混沌とミックスされつつ、自己と向き合わなければならない。体中の細胞がぴりぴりと興奮し、その場で生じる一つひとつの出来事が強いシグナルを送りながら、心と体を駆け巡るだろう。この感情は旅が終わったときに完了してしまうものではなく、これからの人生に影響を及ぼしていく。

心の中でのタイムトラベル

また、気がつく人が案外少ないと思うけれど、忘れてはならない旅の優れた点は、反復が可能なことだ。希望するなら、繰り返すことができる。去年は奈良へ行ったが、今年は北へ、そうだ青森にしよう。前回は露天風呂がついた豪華な部屋にしたから、今回はユースホステルを使おう。タイプや内容はいくらでも変えられる。前の一人旅はうまくいかなかったから、今度は行き先の地理と歴史を読んで、よく準備して再挑戦することもできる。

もう一度したいと思っても、できないことはたくさんある。たとえば、家を建てたが、あそこが不満なので、一旦壊して最初から建て直そうとしても、そうそう簡単にはできない。身長があと一〇センチ伸びてほしいと思っても、成人を過ぎたら無理だ。受験日にインフルエンザにかかってしまったから、日を改めて再度受験日をつくってもらうなんて不可能だ。できないことや、できそうもないことは、たくさんある。一方、旅はお金と時間が多少あれば、何度でも行うことができる。

同じ場所に行けることも、旅のおもしろさだろう。去年訪ねたところにもう一度行ったり、新婚旅行で行った地に、五〇年後の金婚式の年に再訪問さえできる。自分は昔の自分ではないし、現地の様子も少々変化はあるが、紛争や自然災害・人的災害などで制限地区になっていないかぎり、同じ場所に行ける復元性を持つ。リピートをすることで、旅する場所についてさらに深く知り、それは自分自身の心の厚みを増やす。

日常から離れて旅し、何年後かに同じ場所に戻ることは、心の中でのタイムトラベルをしているとも言えなくはないか。「二四歳で、心細く一人旅をしていたあのときの私。二〇年後の今、あのときとまったく同じ駅名が書いてある看板前の同じ位置に、今度は夫と小学生の息子と一緒にいるんだなあ」など、二〇年という時間を一瞬で通り越した自分の歩みを、メタ視線で心にありありと浮かび上がらせてくれるようだ。

新しい価値観が生まれる

旅とは、移動によって非日常での変化を感じ、刺激を得ることだ。すると、どうなる?

学び、気づきが得られる。日々の暮らしで、粘土のように凝り固まった心の奥底が、刺激で徐々に柔らかくなっていくだろう。ひからびて乾燥してしまっているかもしれない心の奥底。深く旅に入り込むと、そのひからびがしっとりしてきて、さらに液状になり、固定観念が攪拌されていく。そして柔らかくなった自分の心に、新しい価値観が誕生する。今の生き方や暮らし方を大きく再考するきっかけもつくってくれる。

旅をすることは、現実逃避の「自分探し」と揶揄されることもあるけれど、自分探しは空虚に心の内側をぐるぐる回るのではない。外と接触することで、今の自分に何ができて、何ができないのかを明確に知らしめる、有効な方法になるにちがいない。

私という存在が曖昧なら、現況から離れてみないと、それはなかなか見えてこないだろう。今いる場所を変え、マイノリティの存在として異質な立場におかれて初めて、異なる角度からの「私」が浮かび上がってくる。

旅の中で、一つひとつの小さな壁をクリアしていくうちに、人生においても挑戦していこうという意識が芽生えるかもしれない。旅をした後で、またいつもの日常に戻る覚悟や自信ができるかもしれない。あるいは、日常が自分にとって間違ったもので、そこから卒業しなくてはならない、という気づきが生まれるかもしれない。

不安感が伴う旅など必要ない、と考える人がいるかもしれない。でも、そうだろうか。

実際に体を動かしてみないとわからないことはたくさんある。とくに、時間と体力があり、柔らかな脳を持つ若者には、血と骨と肉で構成されている体でその地その地の空気を感じつつ、自分の可能性や未完成部分を知ることのできる旅を人生に取り入れていくことが、何より有効となるだろう。

そして、自分が楽しいから、何かが学べるから、という理由だけではなく、旅は社会をより良いものに引っ張っていくエンジンにもなるのだ。どうしてそう言えるかは、ページを追いながら一緒に考えていきたい。

二　日本は生きやすい国なのか

日本はすごい？

最近、日本の良さを取り上げる書籍やテレビ番組を頻繁に見かけるようになった。二〇一四年、一五年には、『ドイツ大使も納得した、日本が世界で愛される理由』（フォルカー・シュタンツェル著、幻冬舎）、『日本嫌いのアメリカ人がたった7日間で日本を大好きになった理由』（マックス桐島著、実務教育出版）、『やっぱりすごいよ、日本人』（ルース・ジャーマン・白石著、あさ出版）のような目を惹くタイトルの本がぞくぞく出版された。

テレビでは、『世界が驚いたニッポン！スゴ～イデスネ!!視察団』（テレビ朝日）という番組がある。ある日、そんな系統らしい別番組の『和風総本家』（テレビ大阪）が目に入ってきた。今では一般にはほとんど使われないレコード針を制作している会社があり、数十個のパーツに分かれた部品を社員が一つひとつ手作りで組み立て完成させ、世界の音楽好きが恩恵を受けているという。『Ｙｏｕは何しに日本へ？』（テレビ東京）という番組では、刃物に興味を持つ一五歳のアメリカ青年が、新潟の鍛冶職人さんをアポイントなしで訪ね、その技術に触れて感動する、という内容を紹介していた。

こうした番組で日本の伝統技術の繊細さや匠の技を見ると、素直に素晴らしいなあと思う。日本に生まれ育っただけなのに、その力は巨大なようで、どうしても本能的に、「やっぱり日本ってすごいんだわ」と感じてしまう。実際、日本には優れたところは多々あるし、素晴らしい技術が残っており、感動的なストーリーはあり、取り上げられると励みにもなる。

ただし、心に留めておかなくてはならない点がある。それは、行き過ぎて全体的な優越感情を持ち、短所や良くないところがないつもりになってしまわないか、ということだ。「日本は技術面で優秀だ。こんな技を持つ日本人は素晴らしい。ほかの国にはマネできないだろう。日本は何でも優れている。一番なのだ」と極端な思想を持たないように、よく気をつけなくてはならない。

突出して高い自殺率

日本には良い点がたくさんあるけれど、一方で同じくらいたくさんの問題をかかえているように思えてならない。ざっと見ても、引きこもり、いじめ、無縁社会、少子化、所得格差など多くの問題が発生している。そして、自殺。そんなに日本が「すごい」ところなら、この事実は何を語っているのだろう。

自ら命を落としてしまう人たちは、この三〇年以上ずっと毎年二万人を超えているのだ。内閣府の自殺対策推進室の資料(3)によると、一九七八年から二〇一四年までの三七年間に、合計数は一〇〇万人近い九八万六一七二人になる。この一人ひとりがどんな思いで自らの命を絶ったのかと思うと、強く胸が締め付けられる。

この人数はほぼ北九州市や千葉市の人口規模である。その市民が三七年間で一人残らずいなくなるに等しく、悲惨な、すごさだ。二〇一四年は二万五四二七人だから、毎日七〇人近くが自らの命を止めてしまったことになる。

ほかの国も同様なんじゃないか、と思ってはいけないようだ。世界保健機関（ＷＨＯ）が発表した二〇一二年の数字によると、日本の一〇万人あたりの自殺者割合は、先進諸国の中で非常に高い。

ドイツは男性一四・五人、女性四・一人、イギリスは男性九・八人、女性二・六人、イタリアは男性七・六人、女性一・九人、アメリカは男性一九・四人、女性五・二人、シンガポールは男性九・八人、女性五・三人。一方、日本は男性二六・九人、女性一〇・一人である。[6] 欧米諸国に比べると、男性も女性も二〜三倍も高い。もしも、その人たちがイギリスやイタリアなどで生まれ育っていたなら、三分の二は生きていけたということになるのではないか。

フランス系ユダヤ人の社会学者エミール・デュルケームは一九世紀後半に『自殺論』(宮島喬訳、中公文庫、一九八五年)で、統計資料の分析と具体的な事例をもとに、「それぞれの社会は、ある一定数の自殺をひき起こす傾向をそなえている」と述べていた。すると、日本で自殺が多い理由は、日本社会に何らかの要因があるからではないか。その要因の中の何かが変われば、毎年少なくとも数十人か数百人かが苦しい思いをしなくてすむようになる。

自死ではなく、事故で亡くなる人もいる。警察庁交通局発行の交通事故に関する統計を見ると、二〇一五年は四一一七人が交通事故で亡くなった。悲惨には変わりないが、一九七〇年の一万六七六五人と比べると、なんと四分の一にまで減少している。大きく減ったのは、運転者や歩行者の安全意識の高まりや、車両の安全性能の向上のほかに、道路整備や運転免許更新時の講習、医療体制の整備など、制度的な地道な対策があったからだろう。

自死は、心が交通事故のような大きな事故に遭い、受けた深い傷がじりじりと痛みを増していった結果、あるいは、同じところに何度も小さな事故を重ねて化膿した結果と言えるのではないだろうか。早い時期に治療できれば、元の健康な状態に戻るけれど、そうならず悪化していったのだ。心の事故を防ぐためには、交通事故対策と同じように、一人ひとりが留意するだけでなく、傷ついても回復できる社会や、心の事故に遭遇しないように社会を覆う空気の質を変えることが必要になるのではないだろうか。

自殺した人の数字だけでなく、氷山の下、見えないところでは、当然、未遂者や最終的な行動を胸に置いている人たちが多くいるだろう。交通事故のように明確に原因が見えないので容易ではないが、この国に漂っている何かを徐々に変えることで必ず改善できるにちがいない。

タコツボでタテな固い日本の構造

心の傷の原因には、経済、健康、人間関係に加えて個人的な問題もあり、何が直接的か端的には解明できない。それでも、自殺率がそれほど高くない諸外国と日本の社会状況を比較し、その違いをフォーカスすると、ぼんやりとでも原因の一部が見えてくるだろう。

著名な政治学者の丸山真男は、半世紀以上前の講演会(一九五七年)[7]で、こう語ったそうだ。

「日本の特殊性はどこにあるかというと、ヨーロッパですとこういう機能集団の多元的な分化が起っても、他方においてはそれと別のダイメンジョン、それと別の次元で人間をつなぐ伝統的な集団や組織というものがございます。たとえば教会、あるいはクラブとかサロンとかいったものが伝統的に大きな力をもっていて、これが異なった職能に従事する人々を横断的に結びつけ、その間のコミュニケーションの通路となっているわけです。ところが日本では教会あるいはサロンといったような役割をするものが乏しく、したがって民間の自主的なコミュニケーションのルートがはなはだ貧しい。明治以降、近代化が進むにつれて、封建時代の伝統的なギルド、講、寄合といったものに代って、近代的な機能集団が発達しますが、そういう組織体は会社であれ、官庁であれ、教育機関であれ、産業組合であれ、程度の差はありますが、それぞれ一個の閉鎖的なタコツボになってしまう傾向がある。巨大な組織体が昔の藩のように割拠するということになるわけであります」

タコツボとは言葉そのまま、蛸の壺のことだ。タコは暗くて狭い場所を好む。その性質を利用し、タコが一匹入れる壷をいくつかロープにつないで海に流して、二〜三日後に引き上げる漁法がある。タコは、そばの別の壷にいるタコのことなど気にしないで、自分だけの世界に浸っている。

丸山さんが言うのは、つまりこういうことだ。欧米では、会社だけでなく、会社とは関係のない別の次元のグループ(8)があり、個々が参加している。そこからさまざまな情報が入り、人の行き来も自由で風通しがよく、多様な考え方を知ることができる。一方、日本は蛸壺のように一つひとつが閉じられた世界で、ほかとの連携がなく、風通しが悪い。

丸山さんの講演会の七年後、東京オリンピックで日本全体が高揚している一九六四年に、「日本的社会構造の発見」という論文を社会人類学者の中根千枝が書いた。それは『タテ社会の人間関係』(講談社現代新書、一九六七年)というタイトルで出版され、長く読まれている(一二〇刷以上発行)。

その本の中で中根さんは、「旋盤工です」と言うより、「P社の社員です」と言うように、日本は自分の資格よりも場を優先する社会集団であると述べた。そして、場を優先する個々人は一つの集団にしか所属できないという。なぜなら、その集団の外に出ると社会的な損失が大きすぎるから。そして、その場が持つ共通性によってつくられた集まりは、枠によって閉ざされ、年齢や入社順次などによって序列ができるので、タテの構造がつくられる、と論じた。

それは、イメージ的には、電柱のような形だろうか。Aの電柱は、Bの電柱とは交わらないし、Cの電柱にも交わらない。それぞれが独立したタテの集団として自己完結する。そのタテ社会の狭い空間の中で、上から下へ、親分子分のような粘着性のある関係が生じる。安心できる場所ではあろうが、しがらみが強く、いざ離れようとしても困難を極める。それは、やくざ的な社会だけに限らず、一般社会にも強く存在している。

タテ社会の中核の人たちにとっては、これほど楽で快適な場所はないだろう。よそから自分が侵されず、タテの規則に添って歩んでいくと、経済的にも権力的にも居心地のよい場所になるから。だが、その構造の中核にいられる人たちは一部だけだ。

現在も、閉鎖的なタコツボ状況や単一のタテ社会が続いていることは、二〇一一年の東日本大震災後に露呈した「原発ムラ」の構造を見るまでもなく明らかだと思う。また、元外務省職員だった佐藤優(9)の書籍を読めば、他者への猜忌の念がいっぱいで閉鎖的な官僚たちの思考についてよく理解できる。外務省内では、アメリカ・スクール、チャイナ・スクール、ロシア・スクールなど語学閥が対抗している様子もうかがえる。

最近では、東大を主席で卒業して財務官僚になった一九八三年生まれの山口真由が『いいエリート、わるいエリート』(新潮新書、二〇一五年)で、「財務省では、国会答弁を書く仕事を受けてきてしまう新人は、上司に無能扱いされました」と述べていた。つまり、面倒なことは引き受けず、ほかの省に押し付けてしまえ、というのだ。横との連携なしの絶対的なタテ構造であり、日本社会のために各省が協力をして仕事をする意識はないのだろうか。

二〇一五年に起きた新国立競技場建設問題や二〇二〇年の東京オリンピック・パラリンピックの公式エンブレム問題も、典型的なタコツボの閉鎖性から発したものと言える。国の中核にあたるところで、そんな調子なのだ。

学校内での閉鎖性も著しい。中学や高校では、クラスや学年で容姿やファッションセンス、部活や趣味などによってスクールカーストがあると聞く。狭い集団の中で、上下関係が発生する。中高一貫校のようにほかからの生徒の移動が少ない場合は、よりスクールカーストの度合いが高まるという。一部の生徒たちにとっては安住の地であろうが、別の生徒たちにとっては辛い場所になる。たいへん痛ましいことに、屋上から身を投げてしまったというニュースを聞くことがある。

丸山さんと中根さんが述べた時代から半世紀ほど経過しているけれど、いまだに同じようなタコツボ状態とタテ構造が続いている。昭和の時代も平成の今も、日本社会の特徴の一つは、硬直性や閉鎖性なのだ。高度成長期にはそれがバネになったかもしれないが、行き過ぎてしまった現在は、害をもたらしている割合がかなり大きい。
日本は固いのだ。

動いたら何かが変わっていく

凝り固まった状態の日本の社会構造を急激に変えることは、まず不可能だ。ただし、少しずつ時間をかけて変革していくことはできるはず。硬直性や閉鎖性を少しでも減少させるために、何が必要なのか。パソコンに向かいすぎて凝り固まった肩や背中は、按摩や指圧やエクササイズで血行を良くしなくてはならない。同じように、何らかの動きを入れることだ。動くことで、多様な生き方、価値観の違いが感じられ、少しでも良い方向へ舵を取ることができるだろう。

電柱ではなく、樹木をイメージした社会を考えてみてはどうだろうか？　大きな枝は四方に伸び、隣の樹木と接触している部分がある。そこから隣の木にいたおサルさんがやってくるときもあれば、どこからか鳥がやってくるときもある。幹が折れても、また新しい枝が出る。太陽の光と熱を得て、地中からは水と栄養を取って、成長する。実は動物に分け与え、落ち葉は自らの栄養になる。

電柱という閉鎖的な構造ではない。タテ構造を維持しながらも、まわりと連携し、人びとの出入りの密度を高め、問題や失敗に寛容な形を与え、そしてもらう。こうした循環がある動的な社会構造が、魅力的ではないか。

学校を卒業して、農業経営まっしぐら。あるいは、レコード針製作一〇年、官僚生活二〇年、鍛冶職人三〇年、アカデミックの道四〇年、歌舞伎役者五〇年。知識を増やし、辛いことを繰り返し鍛錬して、技術を磨いていく。それは本当に素晴らしい。ただし、日々同じ工程の人生は、どうしても自分の思考の中だけに入り込みすぎる。自分の殻の中でしか発想が生まれず、つい排他的になり、澱みがたまる。

一方、思い込みをなくすように努力し、想像力を働かせ、多様な分野の本を読み、多くの人びととの会話から視野を広げ、心が自由に動くように意識して暮らしていくと、同じ場所で長年にわたり同じことを続けていても、多様性を尊重する目線は維持できるだろう。なぜそう考えるに至ったのか、人びとの意見を聞き、自分の考えを補正していく柔和な思考を保つ。そうできるなら、一筋の道を極めつつ、他人の価値観も尊重できる優れた人物でいられる。

とはいっても、医者が入院したり手術を受けて初めて患者さんの気持ちがわかるようになったということをよく聞くように、高学歴を持つ人であっても、他人の気持ちや背景について想像力を働かせながら生活していくことは難しい。近所のスーパーで、あれが一五円安いとか、今日はお金がないからこれを買うのを我慢しよう、と思うことは一度もなく、チヤホヤされて育った世襲政治家は、貧しい人たちの気持ちを察することはできないだろうし、星飛雄馬の父・一徹がもしリアルな二一世紀の日本に存在していたら、LGBT[10]についてまったく理解しようともしないだろう。

同じことをし続けると、自分だけの思想に凝り固まりがちなのだ。では、どうしたらそんな固さを緩められるのか？

それは、自分の内側だけに向かう思考の中から答えを見つけるのではなく、自分自身を揺さぶること、体も心も動かすことだ。佐藤優さんは元々視野が広い人であったが、辛苦を味わい、外務省というタテ社会から外に出ざるをえなくなったことで、より多方面の人びとと出会い、一層深遠な思考力を持つことになったはずだ。そして、外に出たからこそ、その知識や経験を多くの読者に教示できた。

忙しいふり、働いているふりをして心を閉ざしていた六二歳の大学教授は、移民と知り合い、ジャンベ（太鼓）を習い始めたことをきっかけに心を開き、充実感を覚えるようになった[11]。母の死をきっかけにドラッグ、不倫で自暴自棄になっていたけれど、一六〇〇キロを歩いて自分自身と向き合い、新たな人生と対峙していくことができた女性[12]だっている。

動きは、このように大切なのだ。偏った思考を持たないように、思い込んでしまわないように、価値観の多様さを感じるように、場を変えてみる、動いてみる。常に旅をしているような気持ちを持つことが必要なのだ。

新たな文化を生み出す移動

第2章以降で取り上げるＷＷＯＯＦ(ウーフ)の農家たち(ＷＷＯＯＦでは「ホスト」と呼ぶ)には、転職者が多い。小さな壁も大きな壁も乗り越えながら、日々充実して暮らし、周辺に新鮮な風を発生させている。

実家が農家で、都会での就職後に親元へ戻ったＵターンもあれば、都会出身者が田舎へ移住したＩターンや、地方出身者が都会での就職後に、出身地近くの別の地方へ移住するＪターン[13]もある。田舎に憧れて移住したが、夢破れて都会に戻り、今度は入念な計画のもとに再び田舎での生活を始める、というＳ字型の生き方を歩んだ人もいる。地方出身者が都会へ行った後で地元へ帰り、やり残したことをしに都会へ戻り、定年になり再び地元へ帰るというような、あっちへ行ったりこっちへ行ったりとＷ字型の生き方をした人もいる。

現在でも、将来は別の地域での新しい人生を考えている人たちもいる。最終的には都会での生活に戻る、都会の要素も田舎の要素も含まれるような地方の大きな市に移住する、都会と地方を組み合わせた暮らし方を構築していく……。ＵやＩなどのアルファベットの文字では表せないほど多様な暮らし方をしている。長い旅、暮らす旅を自分の人生でつくりあげているかのようだ。

人生は、規則に包まれた牢獄ではない。いつでも外に出られる。現状を突破するのが少し苦しくても、「人生は旅なんだよ」と軽やかな気持ちで森の中を切り開いていけば、いつか花の咲く草原が見えてくるのではないか。途中、絶壁が立ちはだかっていたり、池に足を取られてしまうこともある。でも、乗り越えられる難所はなんとか工面して対処したり、別の道を探ってみたり、間違ったと思ったらいつでも引き返せばよい、という自由な気持ちで進んでいく。そんな心持ちが大切なのではないか。

一四世紀にアジア・アフリカを生涯かけて旅したイスラム教徒のイブン・バットゥータについての著作を著した家島彦一は、旅をすることで、相手との異質性や差異性を認め、その違いを自分に取り込もうとする働きかけが起こり、交流が生まれ、そして新しい文化が創造されていく、と述べた。(14) ＷＷＯＯＦの農家たちは、移住し、その地域に入り込み、祭りや運動会に参加し、消防団員になり、風習に合わせようと努力する。同時に、地元の人たちも移住者に対しておおらかな目で接し、彼らの独特の生き方を尊重しようと意識する。双方の努力で地域が活気づき、新しい文化が形成される。

第2章では、ＷＷＯＯＦの仕組みについて触れながら、農家たちと、彼らと接する旅人たちの動向を見ていきたい。

（1）短編映画“Mouse in Manhattan”は、日本が自分自身を見失っていた一九四五年七月、アメリカで公開されたという。すでにかなり都市化されているニューヨークの様子がよくわかる作品だ。
（2）このデータでは「海外旅行者」と記載されているが、厳密には日本を出国した人数の統計であるので、海外へ移動する人すべてを広義に「旅行者」としていると考えられる。
（3）内閣府自殺対策推進室、警察庁生活安全局生活安全企画課『平成二六年中における自殺の状況』二〇一五年三月。
（4）World Health Organization, Global Health Observatory (GHO) data, Age-standardized suicide rates (per 100,000 population), 2012.
（5）ただし、韓国は突出して高く、男性四一・七人、女性一八・〇人である。
（6）内閣府自殺対策推進室の資料では、男性三一・一人、女性一三・一人（二〇一二年）と数字が異なる。ＷＨＯでは、国同士の比較をするために、年齢構成の違いによる影響を最少限とするように調整後の数字を発表しているからだ。
（7）『日本の思想』（丸山真男、岩波新書、一九六一年）の「思想のあり方について」に、この内容が記されている。
（8）その後、ハーバード大学教授のロバート・Ｄ・パットナムは二〇〇〇年の *Bowling alone*（日本版は、『孤独なボウリング』柴内康文訳、柏書房、二〇〇六年）で、アメリカでのコミュニティ参加割合は従来と比べて減少してきていると述べた。

（9）『国家の罠』（新潮文庫、二〇〇七年）、『交渉術』（文藝春秋、二〇〇九年）、『野蛮人のテーブルマナー』（講談社、二〇〇七年）など多くの著書がある。

（10）Lesbian（女性同性愛者）、Gay（男性同性愛者）、Bisexual（両性愛者）、Transgender（生まれたときに法律的・社会的に割り当てられた性別とは異なる性を生きる人）の略称。

（11）今までの生活ではありえなかった、異質な存在である移民と接することで、心を開いた男性についての話だ。心の中で旅をしたと言える。『扉をたたく人』（アメリカ映画、二〇〇八年、原題は The Visitor）より。

（12）リース・ウィザースプーン主演の『わたしに会うまでの一六〇〇キロ』（アメリカ映画、二〇一四年、原題は Wild）は、シェリル・ストレイドの自叙伝（*Wild*: From Lost to Found on the Pacific Crest Trail, 2012）。

（13）U、I、Jターンという言葉はいずれも「田舎への道」という含みが過分に入っているようで、日本的な閉塞状態になっているのでは、と感じることがある。UとJの起点は田舎、Iの起点は都会なのに、目的地点は、すべて「田舎」だ。

（14）家島彦一『イブン・バットゥータの世界大旅行』平凡社新書、二〇〇三年。

第2章

WWOOF、ウーファー、ホスト

（イラスト：Melody Wong さん　香港）

一　WWOOFってなに？

お金とは関係のない、「あげて、もらう」という仕組み

一九九四年に日本でWWOOF（ウーフ）が始まり、ウェブサイトが二〇〇二年に開始された。しかし、WWOOFを体験した人や言葉を耳にしたことがある人は少なく、何のことかわからない人が多いだろう。

WWOOFをできるだけ簡潔に言えば、交換であり、人と人との出会いだ。一般的には、こう説明される。

「旅人が、有機農業やオーガニック的生き方を学ぶために、農家へ行き、短期間、家族のようになって手伝いをして、食事と寝る場所を提供してもらう、お金のやり取りのない交換の仕組み。双方が会話や文化交流を楽しみ、自分自身を向上させていく」

受け入れてくれる農家に住み、同じ目線で生活をしていくので、「暮らすように旅をする」と言えるかもしれない。自分ができることをあげて、相手ができることをもらう。お金とは関係がなく、市場経済からは離れたところにある。

伝統野菜つるのこイモ（里イモの一種）植え付け後の記念の一コマ。左のフランス人ウーファーは、熊本県のホスト農家（右）から北海道、そしてシベリアへと旅した（写真提供：Axel さん）

ＷＷＯＯＦの始まりは、有機農家側の需要ではない。一九七一年にロンドンでの都会暮らしのストレスから解放されたかった女性[1]が田舎に旅して、そこの有機農家を手伝うことから始まった。旅人側の求めから生じたものなのだ。私はアジアからヨーロッパへの放浪の旅の最後に結婚し、その後の最初の旅[2]がＷＷＯＯＦであったことから、日本でＷＷＯＯＦ事務局を立ち上げることになったので、やはり旅人が始めたことになる。

人と人とが出会うのがＷＷＯＯＦ。日常なら決して出会うことがない人と知り合い、一緒に短い間暮らし、生き方を学んでいく。

人と人との出会い

ＷＷＯＯＦの交換物は、「食事・寝泊まり

する場所」と「力」だ。旅人は家族の一員として、一日に六時間ほど農家の仕事を手伝う。その代わりに、食事と寝る場所を得る。表面上はそれらを交換するだけのように見えるけれど、実際のところ奥が深い。

農家と旅人は技術を教え合ったり（旅人がエクセルの使い方や天然酵母の作り方を教えることもある）、生活の知恵を伝授したり、将来の夢を語り合ったり、悩みを聞いたり励ましたりと、あらゆるところで限りない交換をする。家族のようになって相手のことを考えながら、心と心を交流していくのだ。ＷＷＯＯＦは、学習の場だったり、人と出会う場だったり、人生の中の寄り道だったり、修行の場だったり、抜け道だったりする。日々の生活の中でのほっとできる隠れ家のように思う人もいるくらいだ。

旅人は、体験を望む国のＷＷＯＯＦの年間会員登録をインターネット上で行ってから、その仕組みを利用する（登録方法は巻末に掲載）。本部はなく、各国組織は会員の登録費で独自に運営される。

ＷＷＯＯＦは、「はじめに」で触れたように、World Wide Opportunities on Organic Farms の頭文字だ。イギリスで始まったときは週末だけの取り組みで、Working Weekends On Organic Farms（有機農場での週末作業）の略だった。その後、週末に限らず、いつでも体験できるようになったため、Willing Workers On Organic Farms（有機農場で作業してみたい人たち）に変わる。だが、ＷＷＯＯＦは雇用ではない。work という言葉があると、間違って認識される可能性がないとは言えないことから Workers をはずして、現在の名称になった。ただし、どこの国でもその長い名称ではなく、ＷＷＯＯＦと呼ばれる。

一九七三年にニュージーランド、八一年にオーストラリアでも始まり、認知度が高まっていく（現在も、この二カ国で非常に盛ん）。その後、カナダ、デンマーク、ドイツに広がり日本は七カ国目。現在は六〇以上の国と地域に根を下ろし、体験者が各地に誕生している。

ＷＷＯＯＦには、二つのグループがある。一つは有機農業を営む農家で、「ホスト」と呼ばれる。もう一つは旅人で、ＷＷＯＯＦに人を表すｅｒをつけて「ウーファー」と呼ばれる。

ウーファーにはありとあらゆる人がいる。大学生や大学院生などの学生はもちろん、会社員、公務員、自営業者、主婦、教師、医者や弁護士などの専門職、フリーター、定年退職者、就農準備中の人……。なかには、他農家の農法を勉強する農業従事者もいる。

ホストの大部分は農業を営む。半農タイプも含めて、四分の三が農業従事者である（二〇一二年調査）。そのうち、一〇〇％有機農法を行うホストは四七％、七～九割が三〇％、半分程度が一一％だ（図２）。農家以外の職種は、自然体験学校、陶芸工房、建築工房、民宿など。いずれも、地に足のついた暮らし方を実践するオーガニック思考である。

図２　ＷＷＯＯＦホストにおける有機農法の割合

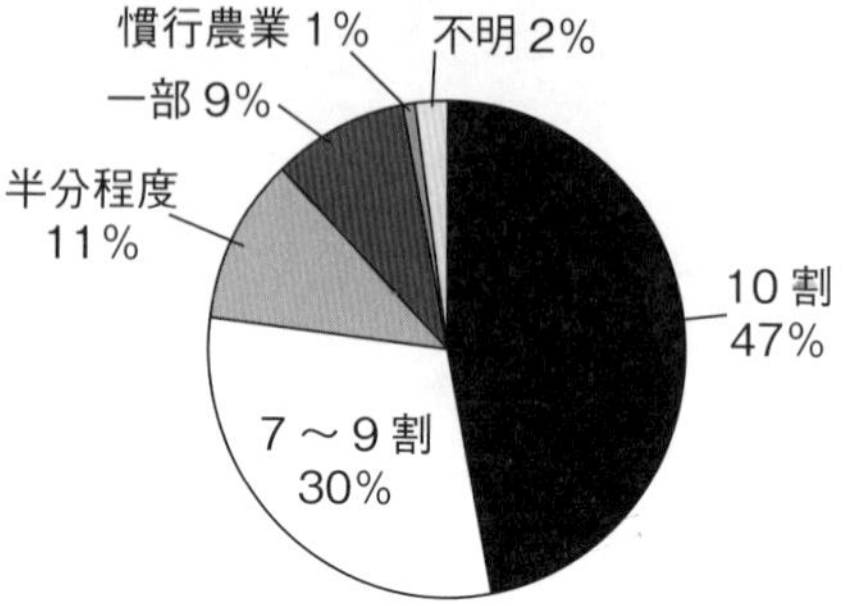

（注）2012年調査。農業を営む299カ所が対象。

図３　ＷＷＯＯＦホスト登録数の変遷

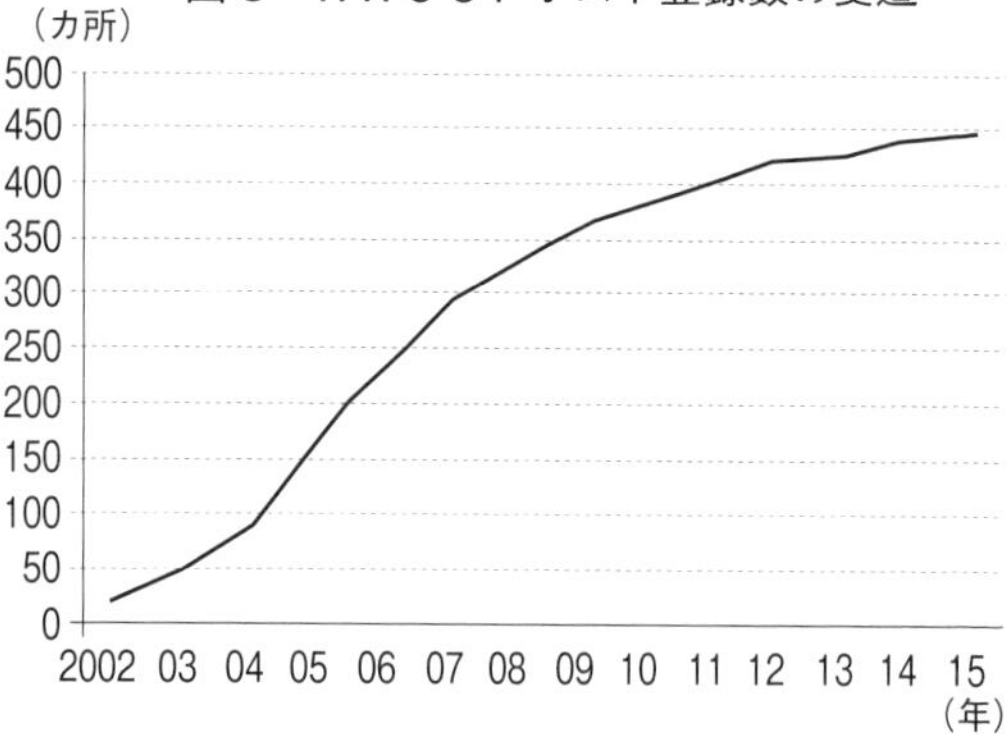

　ウーファーにより、またホストの希望により、滞在期間は異なる。短くて数日間、長ければ数週間、人によっては数カ月間で、平均すれば一カ所の滞在期間は約二週間だ。ウーファーは複数のホストをめぐるケースが多く、一〇カ所以上に行く人たちも少なくない。なかには、毎年繰り返し来日してＷＷＯＯＦ体験する外国人ウーファーたちもいる。

　日本でホスト登録している軒数は、二〇一六年五月現在、四四七カ所（一五年までの推移は図３）。ウーファーの新規登録者数は、二〇〇二〜一五年度の合計で三万人を超す。

図４　ウーファー新規登録者数の変遷

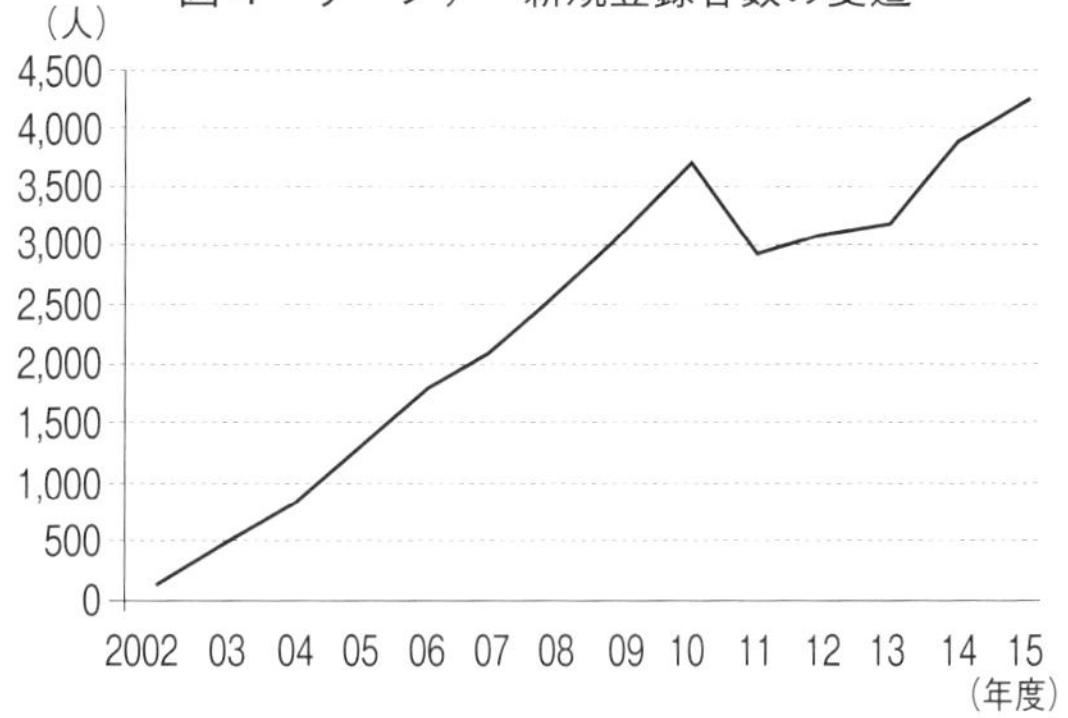

二〇一一年度には東日本大震災の影響で減少したが、その後また上昇し、一五年度の新規登録数は四二〇〇人だ（図４）。

二　ウーファーはどんな人たち？

若者が七割を占め、国籍はさまざま

旅人であるウーファーの男女比はほぼ四：六で、女性の割合がやや多い。年齢層は幅広いが、二〇代が圧倒的に多く六四％だ。一〇代も九％いるから、両者を合わせた若者の率は七割を超える（図５）。

日本でのウーファー登録者の出身国は日本だけではない。というよりも、近年は外国人の登録者数のほうが多い。図６と図７を比較すると、外国籍の割合が増加したことがわかるだろう。二〇〇二〜〇三年度の外国人割合は半分だったが、一二年後の一四年度は七七％だ。

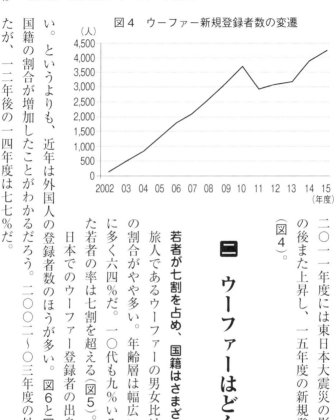

図5　ウーファーの年代（2014 年度）

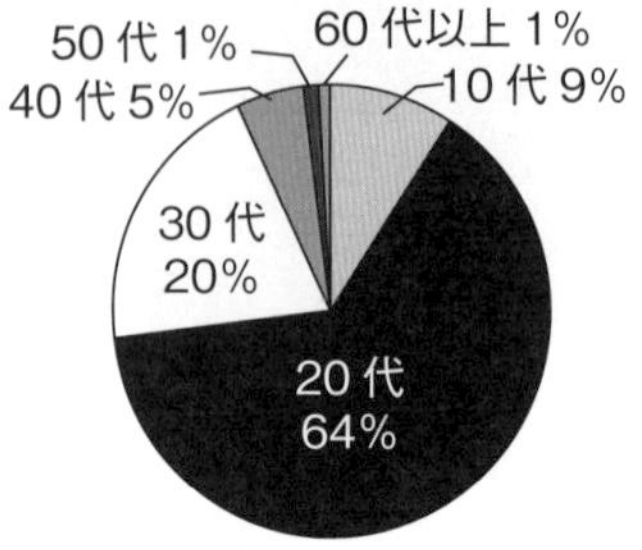

（注）年齢層が判明した新規登録ウーファー 3,344 人。

図6　ウーファーの国籍（2002 ～ 03 年度）

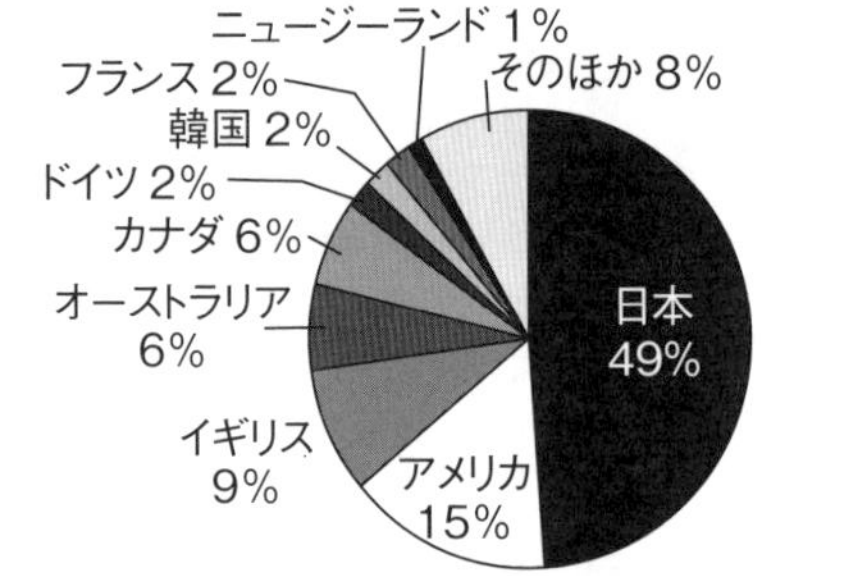

（注）国籍が判明した新規登録ウーファー 330 人。

図7　ウーファーの国籍（2014 年度）

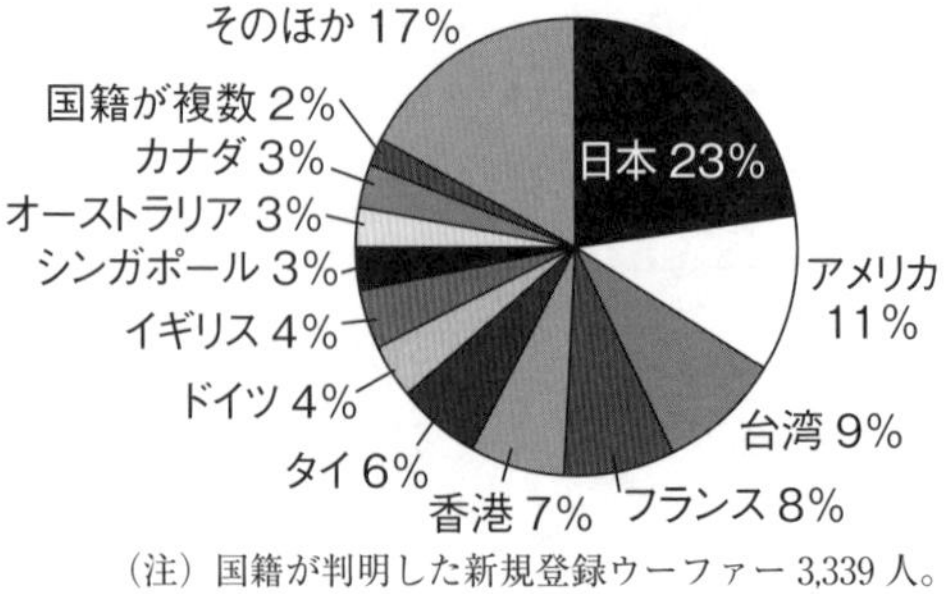

（注）国籍が判明した新規登録ウーファー 3,339 人。

　ＷＷＯＯＦジャパンのウェブサイトを開始したばかりの二〇〇二年は、ＷＷＯＯＦ自体がアジアではそれほど認識されておらず、現在多い台湾や香港は上位に入っていなかった。二〇一四年は、台湾、香港、シンガポール、タイの合計が二五％で、日本を上回っている。ヨーロッパ出身者も多く、とくにフランス国籍が目立つ。もっとも多いのはアメリ

図8 訪日外国人数(2014年)

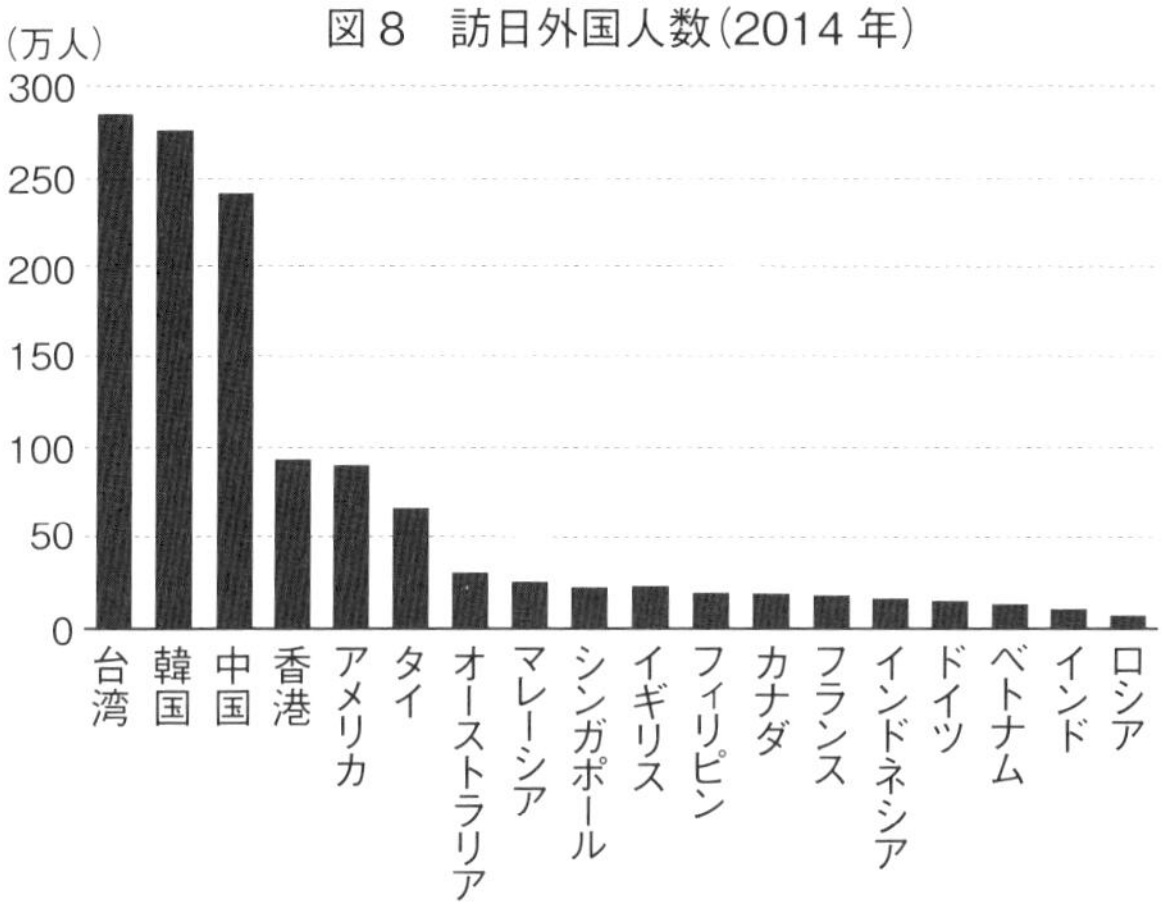

(出典) 日本政府観光局(JNTO)の訪日外客数より筆者作成。

カである。

比率が高いフランス

外国人ウーファーの比率と一般の訪日外国人数を比較調査してみると、思いのほか違いが見られた。

図8は二〇一四年に日本に入国した外国人の国籍だ。断然多いのは、台湾、韓国、そして中国。それぞれ二〇〇万人以上である。四番目以降は大きく下がって一〇〇万人を切り、香港、アメリカ、タイが続く。他方、二〇一四年度の外国人ウーファーたちの出身地[3]のトップスリーは、図7でわかるように、アメリカ、台湾、フランスだ。

一般訪日数では一三番目に位置しているフランス国籍者が、なぜかウーファーでは三番目に突出している。反対に、一般訪日数が二番目の韓国国籍者が、ウーファーでは一六番目と少ないのも不思議に思える。よくわからなかったので、まず、なぜフランス人ウーファーが多いのか、調べてみた。おそらく次のような理由だと推察している。

観光庁発行の資料『多様な食文化・食習慣を有する外国人客への対応マニュアル』(二〇一〇年)に、訪日客の各国ごとの特徴を示したページがあり、そこから同じヨーロッパ圏で、日本への距離があまり変わらないイギリス、ドイツ、フランスの旅行者たちを比べてみた。

すると、イギリス人とドイツ人は四〇代、三〇代、五〇代の順で、比較的中年が多い。他方、フランス人は、三〇代、四〇代、二〇代の順であり、イギリスやドイツと比べて若い層が多いのだ。それほど金銭的に余裕はないが、体力がある若者は、WWOOFのような形で旅をする場合が多いだろう。WWOOFは二〇代の若者と親和性がある。そのため、フランス人のWWOOF利用度が上がるのかもしれない。

また、前掲の資料では、フランス人の食に対する意識が、「地産地消、自然から取れた食材、生産者の顔が見えることに対するこだわりが強い。地域性のある料理や食材を好む。スーパーマーケットでなく個人の店で買い物をすることを好む」とも説明されていた。概して新鮮な食材があるWWOOFホスト農家での滞在は、そんな食の意識の強いフランス人にとって絶好の機会となるだろう。

さらに、アニメや漫画ファンがフランスに多いことも忘れてはならない。「マジンガーシリーズ」である『ＵＦＯロボ　グレンダイザー』というタイトルのアニメが、フランスの一部の少年を熱くさせていたことだってあるくらいだ。(5) お気に入りの作品を創り出した文化や国そのものに対する興味を持って、来日する若者たちがいるのだ。

比率が低い韓国

では、一般訪日数が二番目に多い韓国のウーファーが、なぜとても少ないのか。念のために、韓国と日本への行き来が頻繁であろう在日韓国人が含まれていないかと観光庁に問い合わせてみたが、定住・永住者は含まれていないという。

観光庁の資料である『平成二七年度版観光白書について（概要版）』（二〇一五年六月）に、訪日外国人の訪日動機（訪日前に期待していたこと）の調査があった。それによると、韓国は「日本の歴史・伝統文化体験」という率が極端に少ない（一二・二％）。筆頭はフランスで四六・三％）。「日本食を食べること」は七三・八％と高めではあるが、筆頭のタイ（八三・九％）や二番目のフランス（八三・四％）より低い。韓国からの観光客は、日本にあまり興味を持っていないけれど、旅行費が安いから、とりあえず近いところで休暇しようとして日本に来るだけなのだろうか。

だが、どうもよくわからない。そこで、数少ない韓国人ウーファーのなかで、二一歳の女性に尋ねてみた。彼女は若いながらイギリスでの留学経験があり、四国語が会話できるので、強い固定観念はないだろう。

――韓国の若者は、農業にはあまり興味がないのでしょうか。あるいは、ボランティア的な活動がそれほど盛んではないのでしょうか。勉強や仕事で忙しく、長期休みがとれないことが原因になるのでしょうか？

「はい、いずれも可能性としてあると思います。また、韓国の若者はアジアより西洋文化に興味があるからかもしれません」

なるほど。ある程度自由にできるお金と時間があるなら、彼女がイギリスへ留学したように欧米諸国へ行くということなのだろう。最後に、少々言いづらそうだったが、こうも答えてくれた。

「韓国の人たちは、韓国のテレビや新聞記事の誇張表現のために、日本人が政治的・歴史的理由で韓国人のことを好きではないと信じてしまっているのかもしれないです」

ヘイトスピーチを行う在特会（在日特権を許さない市民の会）の設立は二〇〇七年であり、憎悪のレイシズム感情で「出て行け」と叫ぶ人たちが実際に存在している。(6) 韓国の人たちは、そんな憎しみを個人的に引き受けたくはないだろう。

楽しみと喜びの旅行なのに、わざわざそんな日本人と接して、気分悪くなりたくはない。ちょっとした観光旅行なら、接するのは観光客に慣れているホテル従業員や店員ぐらいなので、偏見は受けないと考える。だが、日本の地方に行くかというと、日本人が韓国人を嫌っている、いったいどんなことを言われるのかと不安がよぎり、ＷＷＯＯＦのようなタイプの旅は躊躇するのかもしれない。

兄弟や親戚のほうが、赤の他人よりも関係が難しいときがある。国も同じで、歴史的なつながりが深い近隣国との関係は難しい。とはいえ、どうにか協力して将来へ進む道を見つけていきたい。彼女は最後にこう述べた。

「私がどうして日本でＷＷＯＯＦしているかというと、韓国と日本は似たような文化を持ち、おいしい食があるからです。イギリスに留学していたときには、料理がどうも口になじめず……。そして日本の人たちは穏やかな人が多いからです」

彼女のような人が、友好関係を築くための架け橋となってくれたらと強く望む。

外国人ウーファーはなぜ日本に来るのか

さて、外国人ウーファーたちはどんな理由で、はるばる遠い日本でＷＷＯＯＦをするの

食育体験で田植えに参加するカナダ（右から２番目）と韓国（右から４番目）からのウーファーとホスト（左）（写真提供：伊藤麻理子さん）

だろう。四〜五日間のWWOOF体験を満喫して帰国するウーファーもいれば、ワーキングホリデービザを取得して、WWOOFで旅しつつ、各地の観光や仕事も多少しながら一年近くかけて、四七都道府県をすべて制覇してしまうウーファーもいる。(7) 東京、大阪、京都などの観光地巡りやディズニーランド、富士山登山などをしながら、間にWWOOFを入れて、日本滞在を楽しむ者たちもいる。また、留学生が夏休みに利用することもあるし、都会で勤務している語学講師が週末や休みに気分転換として利用する場合もある。

WWOOFの申請書には、目的を記入する欄がある。そこに注目し、二〇一五年四月申請者の中から外国人一〇〇名の目的を読み込んで整理することにした。この目的欄は申請者が自分の言葉で書いているので、どのように分類したらよいか難儀しつつ、それぞれの文章から何に興味をもっているのかを分析してみた。一人が複数の理由を書いているケースも多い。その場合は、それぞれをカウントした（図９）。

図９　外国人ウーファーの目的

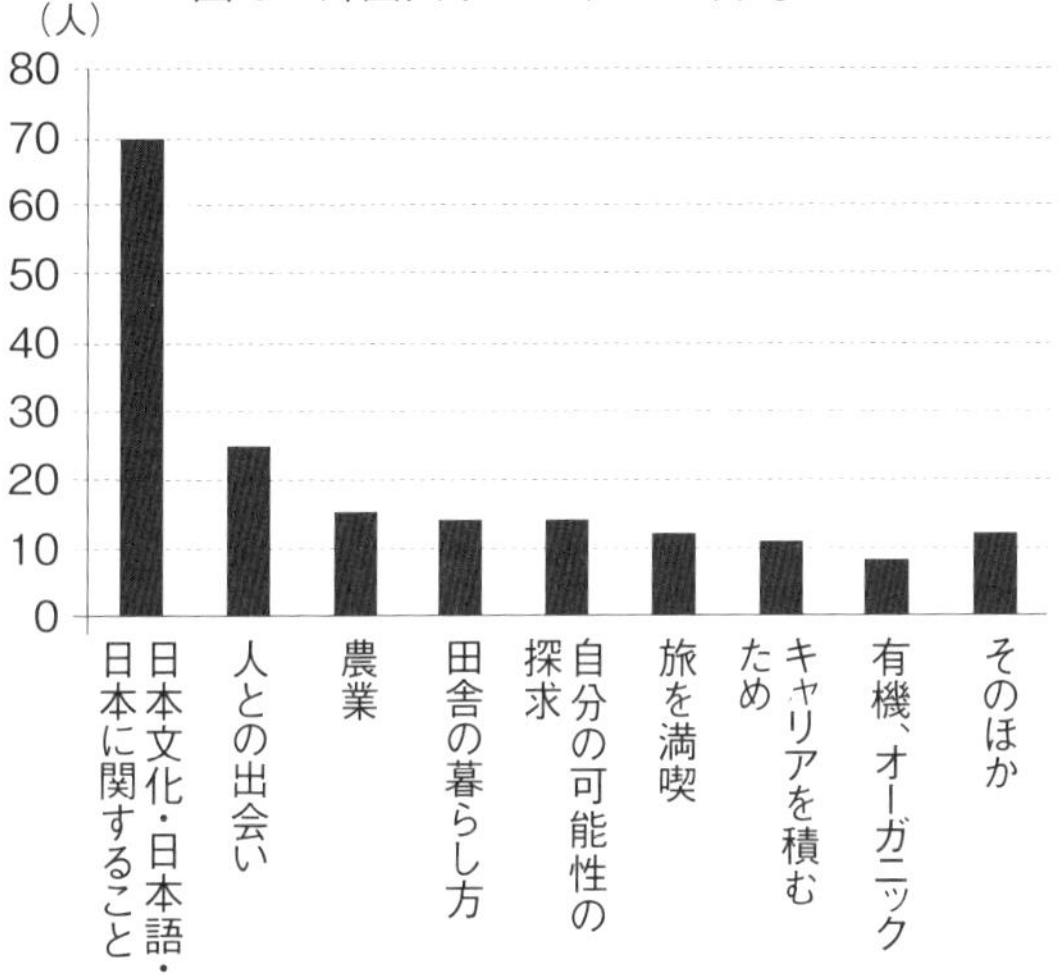

（注）2015年４月の外国人ウーファー申請者100名の目的を整理（複数回答）。

その結果わかったのは、「日本文化に興味がある」「日本語を勉強したい」「日本食を食べたい」など日本に関する内容を記載していた人が圧倒的に多いことだ。一〇〇人中七〇人と、七割を占めている。

なかには、「小学生のときから日本に恋してしまいました。やっと、その大好きな日本に行けます」と、こちらがつい頬を赤くしてしまうくらい熱い内容を書いている人もいる。日本のアニメや漫画の影響が日本への興味や親日感情へとつながり、ＷＷＯＯＦ登録するケースなのだろう。日本経済の下降と同時に、学校では第一外国語・第二外国語が中国語などに移行しているようだが、日本語に興味がある、日本文化に触れてみたいという若者はまだ多いようだ。英語でなく、漢字まじりの日本語で苦心して記載したんだろうと想像するような文面も見られる。

そのほかの目的で目立つのは、「会ったことのない人と会いたい」「新しい友達をつくりたい」というものだ。日本人が何を考え、どう感じているのか。名所旧跡の観光地の店やレストラン、ホテルで表面的な会話しかしない日本人ではなく、普通に暮らす日本人を知りたい、友達になりたいと思っている。また、ホストやその地域の人に加えて、同じウーファー仲間と知り合いたいという願望もある。

もちろん、ＷＷＯＯＦは農業を知る旅であるから、日本の有機農業を含む農業に関する学習を目的とする声も多い。さらに、「都会暮らししかしたことがないので、田舎暮らしを経験してみたい」「観光で東京や大阪には何度か来たが、今度は地方の暮らしを見てみたい」という回答も目立った。同じ割合だったのが、いわゆる自分探し的な内容で、「異なる場所で見識を広げ、自分を成長させ、チャレンジしていきたい」だった。

そのほかの回答も紹介しておこう。いずれも、自分の将来を具体的に計画しており、ＷＷＯＯＦ滞在をその肥やしにしていこうという目的である。

「アートを勉強中。日本で、今まで自分になかった着想が生まれるかもしれない」

「オーガニックショップを経営したいので、その参考に」

「これから日系企業に就職する」

「緑茶の栽培法を学習し、母国でその技術を伸ばしていきたい」

「イタリアでＷＷＯＯＦホストをしている。自分の農園をよりよいものにしたいので、他の国の有機農業技術を見てみたい」

「食品加工場を開始しようと思っている」

「日本の伝統建築を研究したい」

日本人ウーファーは何をつかみたいのか

では、日本人ウーファーの目的は何か。二〇一五年四月と五月の申請者合計一五二名（男性五〇名、女性一〇二名）の申請内容から調べてみた（図10）。

①農業

一番多いのは「農業」に関する内容である。

「将来の生き方の選択肢の一つとして就農を考えているので、実際にまずは体験したり、別の職業から転職して就農された方の話を聞きたい」（三四歳、女性、飲食店勤務、埼玉県）

図10　日本人ウーファーの目的

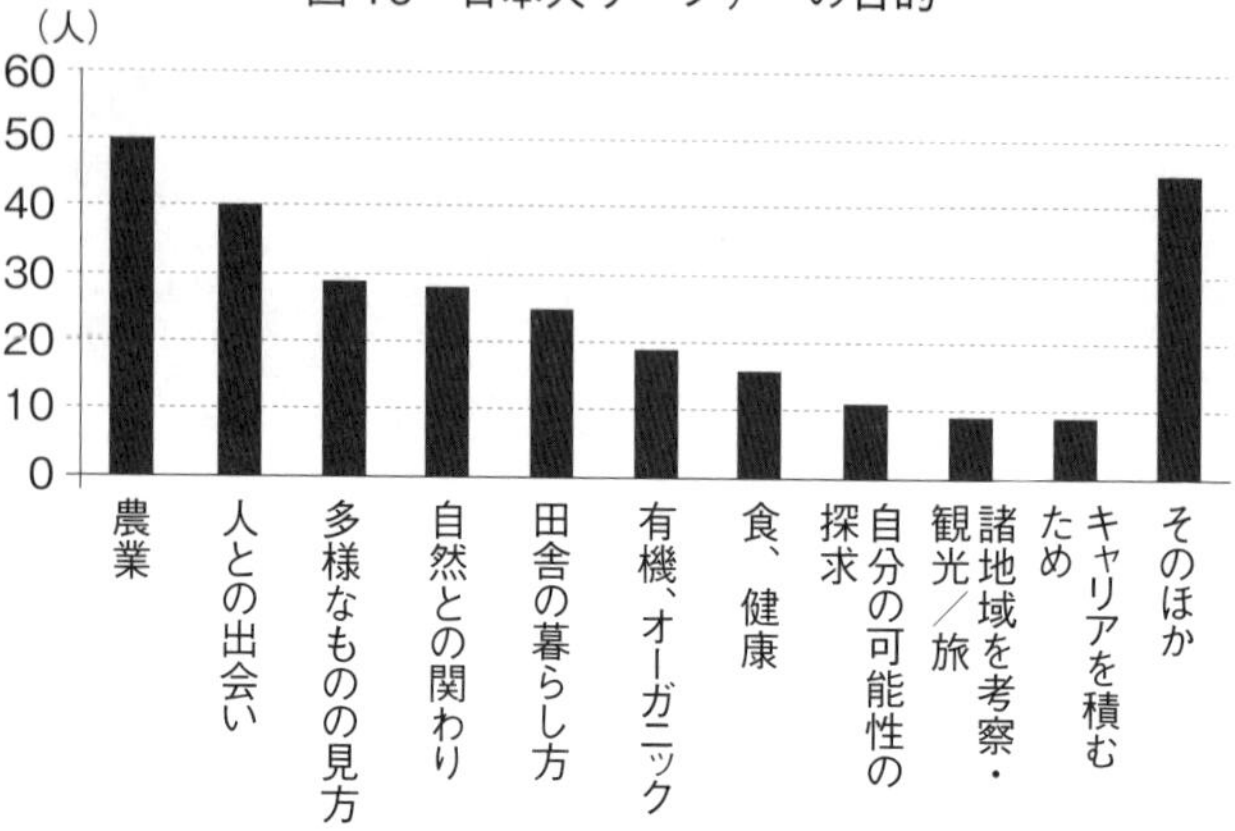

（注）2015年4・5月の日本人ウーファー申請者152名の目的を整理（複数回答）。

「自分が毎日口にするものを自分で作り、農業に携わって暮らしたいと考えています。何をどう始めたらよいか、まだ分からないので、実践しておられる方々を訪ね、生活を共にしつつヒントをもらえたらと思っています」（四〇歳、女性、看護助手、千葉県）

このように、学校を卒業して一度社会に出たあとに何かのきっかけで農業という職業の重要性に気がつき、その道へ歩んでいきたいと考えているときにＷＷＯＯＦに巡り会う女性たちをよく目にする。

同様に、農業の大切さを熟知している若い学生たちもいて、身近なようでなかなか体験できない仕事に意欲的に触れていこうとしている。

「自分は大学で建築学を学んでおり、将来、過疎化が進む集落の再生に携わる仕事に就きたいと考えています。その際に、もっとも地域に結びつきが強く、生活の基盤となってくるだろう農業というものを実際に体験してみたい」（二一歳、男性、大学生、石川県）

「農業関係の仕事に就きたいと思います。農業体験を経験することで、自分の農業への適性などをみて、農業系の大学へ進学するかについて親や先生と相談する時の参考にしたいと考えています。将来は、日本の農産物を国内だけではなく、海外へ販売する力になりたいと思っています」（一七歳、男性、高校生、兵庫県）

②有機、オーガニック

一般的な農業とは別に、「有機農業」や「オーガニック的な生き方」を目的にする回答も多い。

「アトピーやアレルギーになってから、自分の口にするものにすごく気をつけるようになりました。なるべく添加物を口にしない、有機栽培された野菜を買うなど努力をしながら、自分なりに本を読んで有機栽培の勉強をしています。いつか、自分の畑で少しでも土から野菜を育てることが夢です」（二九歳、女性、通訳・講師、北海道）

「自然農法や有機農業、自然にあるもので必要なものを作り出す知恵や技術を学びたい。自然の中での子育てを体感したい」（三〇歳、女性、主婦、長野県）

「オーガニック、ハーブ、発酵食品、パン作りなどに興味があります」（三〇歳、女性、

写真家、埼玉県)

有機農業・オーガニックを目的としていたのは、男性三名、女性一六名だった。子どもたちやこれからの世代に、安全で安心できる食と暮らしをつくっていきたいと望むのは男女ともであろうが、とくに二〇~四〇代の女性たちの強い思いをひしひしと感じる。それは何と言っても、自らの体の中で別の命を誕生させる使命感があるからにちがいない。子どもと一緒にWWOOFを計画する母親もいた。

「大自然の中で、生き方を学び、子どもたちにも体感させたい」(三五歳、在宅勤務、愛知県)

③人との出会い

「人との出会い」は、外国人ウーファーと同様に、日本人でも二番目に高い。

「未知の世界。いろいろな人に会ってみたい」(二二歳、男性、大学生、埼玉県)

「都会で生まれ育った人間なので、日本全国でいろいろな経験と出会いを手に入れたいと思う」(二一歳、男性、フリーター、東京都)

「就職して、自分の自由な時間がなかなかとれなくなる前に、多くを観て聴いて触れて、さまざまな人に出会い、学びたいと考えています。人に何かを与え、自分もまた何かを得ることができたらいいなと思います」(二〇歳、女性、大学生、京都府)

④多様なものの見方

ＷＷＯＯＦは、「都会と地方」「外国と日本」をつなぐ。日常の生活では決して会うことがない人たちとの出会いを生み出す。人と人とが出会ったら、何が生じるだろう。その結果を期待した内容も多い。図10では、「多様なものの見方」という項目に分類した。

「今まで触れたことのない職業やそれに従事する人たちに触れ、見聞を広げたい」（二八歳、女性、ＩＴ業、宮崎県）

「多くのホストさんやウーファーさんと出会い、日々会社員としての業務に追われ狭くなってしまっている視野を広げたい」（二七歳、女性、試薬メーカー事務、宮城県）

「自分の見てきた世界とは全く違う世界に飛び込むことで自分の価値観を見直してみたい。僕はこれまでものすごく狭い世界で生きてきたんだと思っています。それ自体に全然後悔はないのですが、知らない世界に触れて、そこで出会うすべてのものと自分が何か化学反応を起こすのではないかと思っているんです」（二二歳、男性、大学生、岩手県）

なお、外国人の場合、「日本文化という異文化に接触して異なる価値観を理解したい」などの回答であったため、図9では「日本文化」に含めた。

⑤田舎暮らし、移住

「いずれ、東京を離れ自然に囲まれた生活をしたいので、実際に目で見て体験したい。

また、食生活もなるべく生産者の顔がわかるモノを選んだり、アレルギーが起きない食生活の知識を増やしたい。アウトドアが大好きで、乗鞍岳の景色を見てからすっかり登山、キャンプなどに夢中です。必要最低限のモノと、質の良い健康的な食べ物、豊かな自然があれば幸せと感じます」(三五歳、女性、住宅メーカー勤務、東京都)

「循環可能・半農半X(8)などをキーワードとする、農のある暮らしの探求をしたい」(二九歳、男性、調理師、千葉県)

「田舎暮らしや自然の中での仕事に興味があり、将来的には移住を考えています。そのためにまずはウーファーとしていろいろ見て回り、経験を積みたいと思っています」(五〇歳、男性、ITエンジニア、愛知県)

「四国のどこかに移住したいので、地域の情報収集、田舎での暮らし方を学びたい」(三四歳、男性、ウェブデザイナー、兵庫県)

⑥自分の可能性の探究

自分はいったい何ができるのか探っていきたい、今までの自分を変えて本来の自分を見いだしたい、という内容も見かけられた。

「スーパーで食品を買う、電力会社に電気料金を払う、というのは当たり前のことだけれど、本当に当たり前なのだろうか。自分が選択することを妨げられているのではないだろうか。自分で暮らし方を選び、選んだ暮らし方で生きていくための知識と経験を積みたい」(三〇歳、女性、元テレビ局勤務、鳥取県)

「私は自己中心的であり、相手の事を考えないところがありました。そんな自分自身を変えたくて、他人のために何かできることをしたいと思い、ＷＷＯＯＦに登録したいと考えました」(二一歳、男性、大学生、鹿児島県)

⑦その他

「『里山資本主義』(藻谷浩介・ＮＨＫ広島取材班、角川書店、二〇一三年)を読んで共鳴した。日本の地方を巡って森林整備が里山・里海に恵みを与えることを実感したい」(五七歳、男性、森林ボランティア、広島県)

「今夏からカンボジアで、農村開発のプロジェクトに従事することになっています。それに際し、日本人として日本の農家の方々が実践されている農法、とくに日本各地で古来から実践されている農法を学びたいと思います」(二八歳、女性、ＮＰＯ職員、愛知県)

「ＪＩＣＡ[9]に応募して、ＷＷＯＯＦで得た経験を途上国の人びとに伝えていきたいと思っています」(三一歳、女性、保育士、東京都)

「旅行を楽しみたい」(二六歳、男性、大学院生、東京都)

「一度しかない人生を楽しみたい」(三三歳、女性、歯科医院勤務、愛知県)

「人のために何かしたい」(二〇歳、男性、大学生、出身県不明)

どうしたら自分自身がわかるのか

これらの目的をもとに、日本人ウーファーの大雑把な意識を図11に示した。

日常の生活からはずれた旅の間、農業の技術と農の知恵、自給自足的暮らしやオーガニック的な生活の仕方を学ぶ。地方の暮らしを体験し、自然に触れる。地域を散策し、周囲を観光してみる。会社組織や大きな機構に組み込まれないで独自に生きる人たちに会う。「こんな暮らし方があるのだ」「こんな人がいるのだ」と気づく。相手が何を感じているのか聞き、自分が感じていることを言う。比較する。自分は何ができるのか、何ができないのかを感じる・考える。

図11　日本人ウーファーの意識

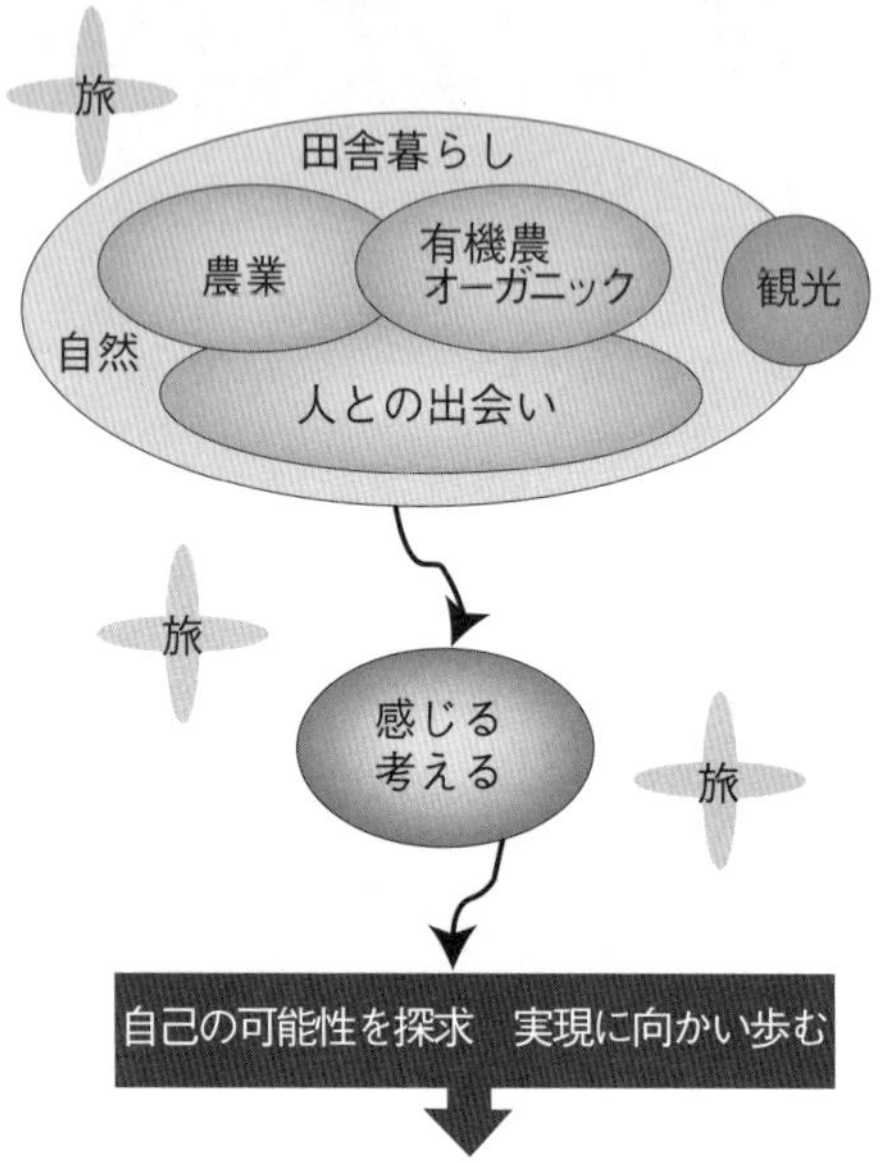

家島彦一（三六ページ参照）は、旅について次のように述べている。
「他を他として認めて識別する過程で、自己のアイデンティティの模索が始まる。その意味において、旅による他者の発見は、同時に自己の発見であって、自己のアイデンティティを確立する旅でもあるといえる。このアイデンティティは、他を排除し自己を守るための固く偏狭な意識ではなく、他との対話・交流のなかで自己の独自性を確立することであり、相互の違いを認め合い、『与え、受け取る（give and take）』の交流関係のなかで確立されるものである(10)」

旅は、家島さんが言うように、人と知り合い、違いや似ている点を見つめながら、私は何者であるのかも探っていくものなのだろう。そう、人と出会う旅は、いわゆる自分探しがすでに埋め込まれているものだったんだ。

どんなものを大切にしているのか、それにどんな価値をおいているのかは、人によってさまざまだけれど、他者の大切なものが何かを考え、私は同調するのか、それとも反発するのか、反発するのはどういう理由であるのかを、心を閉ざさず真っ白になった気持ちで考えていく。私の気持ちを相手に伝え、相手にも私の価値観を意識してもらう。

ウーファーはもちろん旅をしている。同時に、受け入れ側のホストからも、「居ながらにして旅をしている気分なのよね」ということをよく聞く。旅には移動がなくてはならないと思うが、移動していなくても旅している気持ちになると言うのだ。

それはなぜだろうと考えてみると、家島さんが述べるように、日本各地、世界各国からの多様な人びとと交流して、相手との違いや似ているところを感じ、その理由を考え、気持ちが揺さぶられ、心が旅しているような感じになるからではないか。「与え、受け取る」交流は、ＷＷＯＯＦの基盤でもある。

日本各地、世界各国からのウーファーを受け入れているホストたちは、実に興味深い人たちだ。一般的な農家とはちょっと違う。私は、こんな人たちが現代社会を生きやすくしてくれる鍵になると思っている。なぜなのか？

三　ホストは何者？

ホストはどこにいるのか

ＷＷＯＯＦホストたちは、三〇～五〇代が多い。もちろん、ウーファーと同じくらいの二〇代もいれば、経験豊かな七〇代以上もいる。家族の形は、「夫婦とその子ども」が多い。また、夫婦と子ども、そして両親や祖父母が同居する三世代・四世代家族、成人の子

表２　ＷＷＯＯＦの都道府県別ホスト数

都道府県	ホストの数	都道府県	ホストの数	都道府県	ホストの数
北海道	77	和歌山県	9	奈良県	4
長野県	37	群馬県	8	鳥取県	4
沖縄県	30	大阪府	8	徳島県	4
静岡県	19	茨城県	8	福井県	4
岐阜県	17	福島県	8	宮崎県	4
熊本県	16	山口県	8	愛媛県	3
岡山県	14	山梨県	7	岩手県	3
広島県	13	三重県	7	佐賀県	2
栃木県	11	愛知県	6	宮城県	2
千葉県	11	埼玉県	6	新潟県	2
大分県	11	石川県	6	香川県	2
福岡県	10	青森県	5	山形県	2
京都府	10	東京都	5	秋田県	1
高知県	9	滋賀県	5	富山県	1
鹿児島県	9	長崎県	5	島根県	0
兵庫県	9	神奈川県	5		

（注）2016年5月現在の数。

どもとその親の場合もあれば、ひとり暮らしもある。数人の従業員や農業研修生が一緒の場合もある。

留学や、ワーキングホリデー、青年海外協力隊、農業研修で、あるいはウーファーとして、海外滞在経験を持つ人も多い。理解できる言葉は幅広く、英語のほかに、フランス語、スペイン語、イタリア語、ドイツ語、チェコ語、スワヒリ語、中国語、タイ語などを少々話す人たちがいる。

ホストは日本全国に散らばり、サハリンに近い北海道の北端から、南は台湾がすぐの沖縄県西表島《いりおもて》や与那国島《よなぐに》まで、登録は四四七カ所に及

表3　都道府県別農家戸数（販売農家、2013年）

都道府県	農家戸数（1,000戸）	都道府県	農家戸数（1,000戸）	都道府県	農家戸数（1,000戸）
茨城県	63	福岡県	39	島根県	21
新潟県	60	青森県	38	山梨県	19
福島県	58	静岡県	36	京都府	19
長野県	56	山形県	35	鳥取県	19
兵庫県	50	岐阜県	33	徳島県	19
岩手県	48	広島県	31	富山県	18
千葉県	47	三重県	29	高知県	17
栃木県	43	愛媛県	28	佐賀県	17
秋田県	42	宮崎県	28	福井県	16
岡山県	42	群馬県	27	石川県	15
熊本県	42	大分県	27	神奈川県	14
宮城県	41	山口県	23	奈良県	14
埼玉県	41	香川県	23	沖縄県	13
鹿児島県	41	長崎県	23	大阪府	9.8
北海道	40	滋賀県	22	東京都	6.4
愛知県	40	和歌山県	21		

（出典）総務省統計局「日本の長期統計系列」第7章の都道府県別農家数より筆者作成。

ぶ（表2）。数が多い都道府県は、七七の北海道、三七の長野県、三〇の沖縄県。反対に少ないのが、ゼロの島根県と、一つだけの富山県と秋田県だ。農業が盛んなイメージがまったくない東京都に五カ所あるが、うち二つは小笠原諸島に位置している。

ＷＷＯＯＦで、北海道、長野県、沖縄県に集中して案内をしているわけではないが、数の差は激しい。各都道府県に存在する農家総数の違いからなのだろうかと思い、調べてみた。

農林水産省の統計によると、[11]二〇一三年における農家戸数は全国で約一四五万戸だ（表３）。多い県から順に述べると、茨城県六万三〇〇〇戸、新潟県六万戸、福島県五万八〇〇〇戸、長野県五万六〇〇〇戸、兵庫県五万戸である。ホストの上位五位までと重なるのは、長野県だけだ。しかも、ホストが三番目に多い沖縄県は、東京都、大阪府に次いで農家数が少ない。農家戸数[12]と都道府県別ホスト数に相関関係はないようである。

県民性の違い？

もしかすると、いわゆる県民性というものがあり、そのために登録数に差があるのではないかと推測してみた。気候風土や歴史などによって、気質の違いが多少あるのではないか？　ホストは他の都道府県からの移住者も少なくなく、県民性はあまり当てはまらないのではとも考えたが、外部からの「よそ者」が地域に入るにあたっては、風土やそこに住む地元の人びとの影響が大いに関与するはずだ。

ホスト数の少ない県のうち島根県と秋田県は、この一〇年間に多少ホストが増えたり減ったりと入れ替わりがあったが、富山県は同じホストが一カ所登録を続けているだけだ。『県民性仕事術』（岩中祥史、中公新書ラクレ、二〇〇六年）によると、富山県は他からの転入や転出が少ない県であるという。外からの刺激が少なく、自分たちの尺度でものごとを考えがちで、堅実さを第一とし、一か八かの大勝負に出ることができない、と述べている。だから、ＷＷＯＯＦという一風変わった仕組みを取り入れるような気持ちを持つことが難しい気質がある、ということになるのだろうか。

また、ＮＨＫ放送文化研究所の『現代の県民気質』（日本放送出版協会、一九九七年）によると、「この土地の人ではない、いわゆる『よそ者』というようなことばが、この地域ではまだ生きていると思いますか」で、「はい」の回答者割合が高い都道府県のトップが、島根県、次が富山県だった。秋田県については、前掲の『県民性仕事術』で「新しいものに抵抗感を抱かない」気質だと述べられているので、これからホスト数が上がっていくのかもしれない。

では、ホスト数が多い都道府県についてはどうだろう。北海道は他都府県と比べて断然多い。北海道は「よそ者」という言葉がまだ生きていると思っている割合が、四七都道府県でもっとも低い。「北海道に移住？　いいっしょ。ここに来るなら誰でも仲間」という風土で、そのため他者を受け入れるＷＷＯＯＦの仕組みと親和性が高いのかなと思っている。

北海道以外のホスト数が多い五県の理由は何か。実のところ、あとで述べるが、他市町村から移住して農業や自営業を始めたホストが多い。そうした人たちが、周囲の似たような経歴の移住者を巻き込んで自然増加していったのが、これらの五県だろう。

たとえば、長野県安曇野市には五カ所ものホストが登録している。その夫婦らは神奈川県、千葉県、富山県、三重県、香川県、大分県など他県出身者が多く、ホスト同士が知り合いであるようだ。沖縄県も同様で、人口約三二〇〇人の小さな大宜味《おおぎみ》村には五カ所が登録している。静岡県では南伊豆町に五カ所、岐阜県では高山市に四カ所、熊本県では小国町、南阿蘇村、菊池市にそれぞれ三カ所といった具合だ。このように、移住者仲間の交流がある地域では、自分がＷＷＯＯＦに登録後、気に入ったらその良さを仲間に伝達し、仲間も登録することになる。そんな流れがある地域にホストが増えるのだろう。

転職が多いホストたち

ＷＷＯＯＦホストには、転職して今の事業を築き上げた人たちがとても多い。調査したところ、大学や高校などを卒業し、いわゆる新規学卒者として仕事を始め、今でも同じ職についている人たちは一三％。九割弱（二三八人）が転職している（図12）。しかも、転職回数三回以上が半数を超している。一回が二七％、二回が二〇％、三〜五回が三二％、六回以上が二一％であった。

図12　WWOOFホストの転職の有無

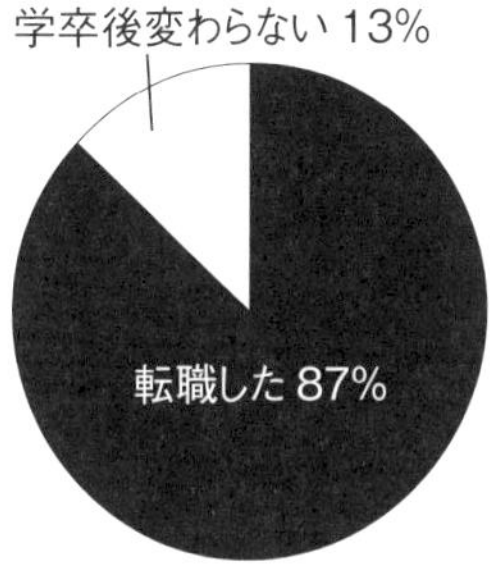

（注）2014年調査。回答はＷＷＯＯＦ業務担当者272人。事業所の代表者あるいはその配偶者が主で、成人の子どものケースなどもある。

図13　WWOOFホストが従事してきた職業

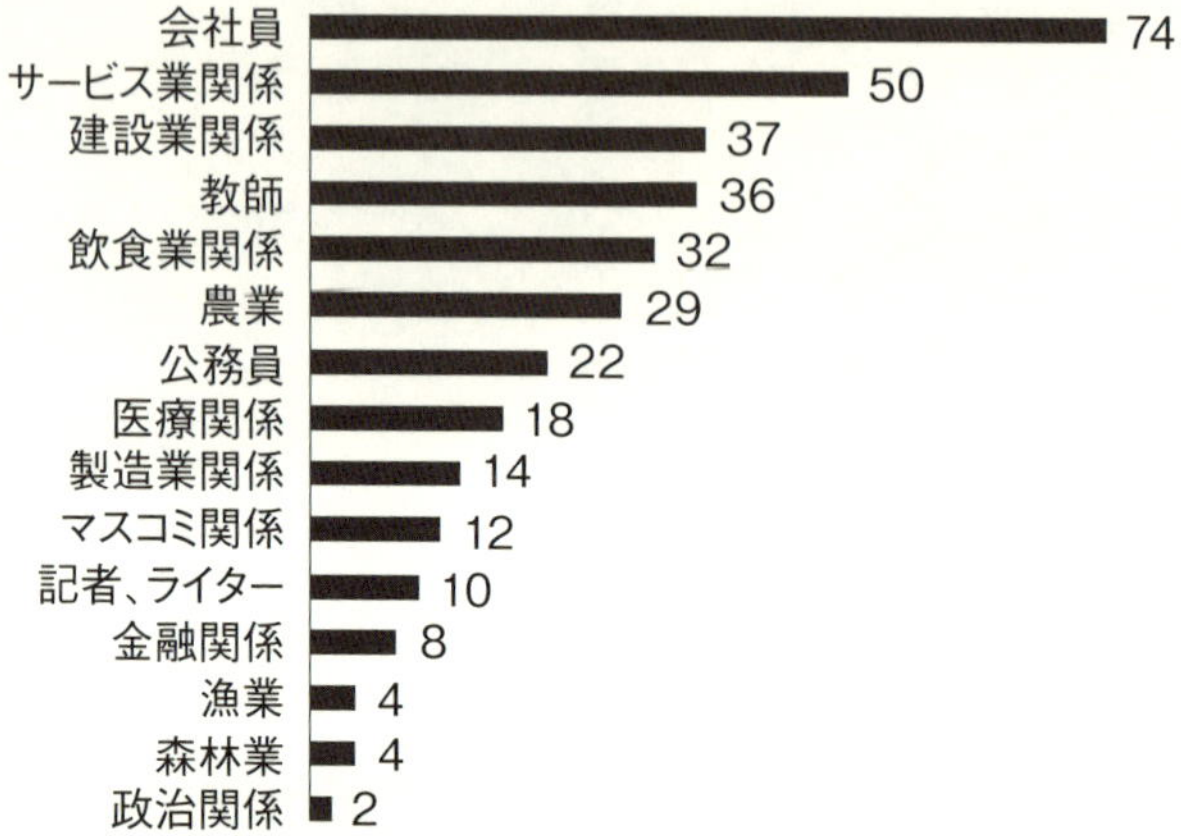

（注）2012年調査。数字は人数。

以前の主な職は、会社員、サービス業、建設業、教師、飲食業、公務員などである。前職が「農業」であるのは、農業法人に勤めていた人たちだ(図13)。

転職して農業や自然体験学校や農家民宿などをしているということは、ほぼ移住したことになる。もちろん、親が農業をしていて、当初は親元から会社などに通勤し、後に継ぐことになったケースもあるが、少ない。大部分が、生まれ育った場所から離れ、職を変えて新たに暮らし始めた人たちである。

そして、その人たちは、それで人生完了と思っているわけでもないようだ。数度の転職を終え、おおむね安定した暮らしができているのに、これからまた他へ移動する可能性があるかもしれないと考えている人が、半数ほどもいる

図14　WWOOFホストの今後の移動の可能性

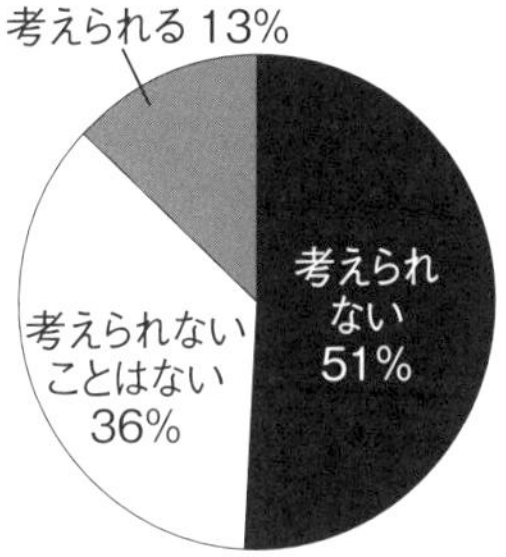

（注）2014年調査。回答数273人。

図15　WWOOFホストの今後の転職可能性

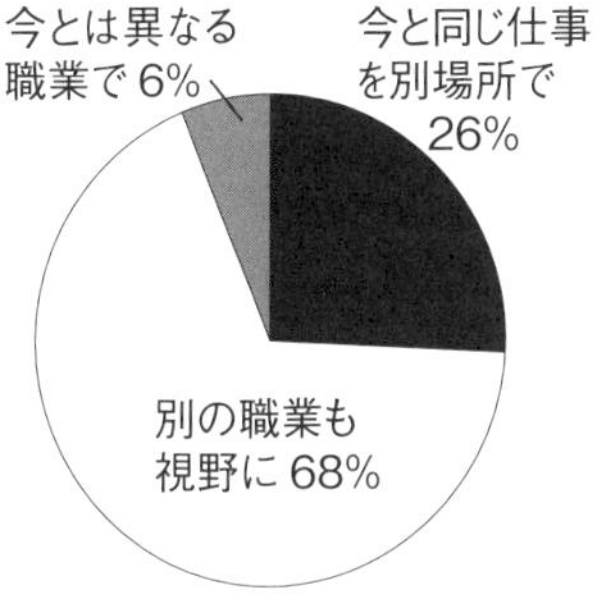

（注）2014年調査。移動する可能性が「考えられる」「考えられないことはない」と回答した134人中120人の回答。

のだ（図14）。

さらに、今後、移動する可能性が「考えられる」あるいは「考えられないことはない」人たちに、転職の可能性を尋ねた。すると、「今、借りている土地があまりよくないので、良い条件の土地が見つかったらそこへ移りたい」というような、同じ仕事でより良い場所を求めてよりも、「異なる職業」「別の職業も視野に」というように、転職の可能性があると回答した人たちが、四分の三もいたのである（図15）。

こうした結果をみると、枠の中に生きている人たちと正反対で、とても思考が柔らかい人たちと言えるのではないか。典型的な日本の凝り固まったタテ社会、タコツボ状態からはずれて暮らしている人たちである。冒険心や何かにチャレンジしていこうという意識のある人で、「人生これしかない」のではなく、「この道もある、あの道もある」と、自分の可能性を考えつつ、そのときの自分に合うと感じる道を選択し、人の目を気にしない。「出すぎた杭は打たれない」ということを知っているのではないだろうか。

今の生活に満足できたので、次のステップへ移る。何らかの機会が到来したとき、今の生活に執着せず、次の選択肢を進む。そんな気持ちを持っていた人であり、今もそんな気持ちを持っている人だ。しかも、「現在苦しいから、大変だから、別の場所へ行って何か違うことをしたい」のではないようだ。

その証拠はあるのか？　はい。

実は、ホストは、幸せに感じている度合いが高いのだ。

（1）スー・コッパードはＷＷＯＯＦの初期の概念をつくった人物だが、ＷＷＯＯＦの運営はしていない。アコーディオン奏者兼講師としてイギリス南西部で暮らしている。「一九七〇年代の若いころは日本へも旅したのよ」と直接聞いたことがある。

（2）放浪の旅の延長のようなものだったが、「日本のＷＷＯＯＦはどうして始まったのか」という質問に対して、その言葉が持つイメージとはかなり違うんだがなあと思いながら、どうしても、簡単に説明できる「新婚旅行」と答えてしまう。オーストラリアのＷＷＯＯＦホスト三カ所へ行きました。

（3）「国籍が複数」のウーファーもいて、世界はグローバル化していると感じる。国籍欄に、「オランダとエジプト」「イスラエルとブラジル」とか「台湾とカナダ」「アメリカ、中国、フィリピン」などがあるのだ。日系の「日本とアメリカ」「日本とオーストラリア」もいる。親や祖父母のひとりが日本出身で、ルーツ探しも兼ねてウーファー登録する人も見かける。

(4) 観光庁は男女別で示しており、三カ国ともいずれの年代でも男性が多かった。

(5) 永井豪原作の『UFOロボ　グレンダイザー』をきっかけに、日本史学研究家となったフランス人学者のトリスタン・ブルネの著作『水曜日のアニメが待ち遠しい』(誠文堂新光社、二〇一五年)には、どのようにしてアニメ・漫画がフランスで広まったのかがよく説明されている。アニメ・漫画の影響は想像以上に大きいかもしれない。

(6) 安田浩一『ネットと愛国』(講談社、二〇一二年)を読むとよく理解できる。韓国を好きで、ハングルを習ったり、韓国ドラマや音楽を愛する日本人はたくさんいるのに、本当に残念なことだ。

(7) 国・地域によって、短期滞在の入国時に付与されるビザ免除措置や在留期間は異なる。二〇一六年五月現在、タイやインドネシアなどは一五日間、アメリカやフランスなどは九〇日間。ワーキングホリデービザが取得できる場合、国によるが通常一年間まで日本に滞在可能。

(8) 『半農半Xという生き方』(塩見直紀、ソニー・マガジンズ、二〇〇三年)。京都府綾部市に生まれた塩見さんが提唱。農のある暮らしをしつつ、自分の好きな仕事をして、精神的に満ち足りた生活様式を実践していくこと。

(9) 独立行政法人国際協力機構。青年海外協力隊など開発途上国への国際協力事業を行っている。

(10) 家島彦一『イブン・バットゥータの世界大旅行』(平凡社新書、二〇〇三年)。

(11) 経営耕地面積が三〇a以上、または調査期日前一年間における農産物販売金額が五〇万円以上の販売農家の戸数。

(12) 農業大国と言われる北海道の農家戸数は、極端に多くはなく四万戸だ。他方、大阪府は一万戸弱、東京都でも六〇〇〇戸以上あることにびっくり。統計を見ると、このようにおもしろいことがわかってくる。

第3章 幸せを考えてみる

（イラスト：礒貝ひとみさん　日本）

一 幸せってなんだろう

積極的な幸せは、あるのか

幸せって何だろう。学級委員長に立候補する優等生タイプの小学生が、自由課題の作文で書きそうなタイトルだけれど、この社会で生きる中で、ときおり真面目に追求してみなくてはならない大事な論点だ。

人はみな幸せを求めて生きている、とあたかも当然のように言ってしまうが、自明の理とは言えないかもしれない。あえて苦しい道、報われない道、厳格な生き方を進んでいる人がいるかもしれない。あるいは、幸せどころか、生きるか死ぬかギリギリのところにいる状態なら、生き続けることに精一杯で、自分の幸せについて考えられる余地はないだろう。

そうは言っても、一般的には、人は幸せに過ごせる方法を意識的にも無意識的にも、どこかで目指していると言っていいと思う。ガチガチの禁欲主義ではなく、戦争状態にあるのでもなく、一般的な社会であることを前提にして、幸せについて考えてみたい。

社会学者の山田昌弘は、社会学では、幸福は大きく二つの系統に分類できると考えられていると言う（『文藝春秋 SPECIAL 2010 季刊秋号』文藝春秋、二〇一〇年）。

一つは、「消極的幸福」。これは、不幸を感じる社会において、空腹でご飯を食べられない人がいる中、自分は食べられている、あるいは、派遣切りの報道を見て、安い給料だが私は十分生活できている、豪雨で土手が決壊し家を失ってしまった状況にある人と自分とを比べ、天井が雨漏りしたぐらいで不幸だと思うとばちが当たる、といった状態のようだ。あの人たちはあんなにかわいそうなのに、それに比べると私はましである、だから幸せである、という幸福感だ。

人と比較しなくても、自分自身の今までや将来を想像し、そんな過去の私と将来の私を比較して、消極的幸福感を持つ場合もあるだろう。たとえば、不幸な過去を持つ僕だけど、今までの惨めな生活と比べると、現在は妻ができ、子どもが生まれ、経済的には裕福でないが、幸せだという場合。あるいは、国債や借入金が一〇〇〇兆円を超えた日本がどんな社会になるのか不安だ、将来明るくなるとは想像ができない、だからとくに不幸がない今が一番幸せなのかもしれない、と思う人もいるはずだ。このようなことが消極的な幸福になるのだろう。

消極的の反対は、もちろん積極的。そう、もう一つの幸福は、「積極的幸福」だ。「物」

を買い続けることで人から認められ、そして満足感を得るという、消費社会で得られる幸せだそうだ。

初めてバイトをして少しずつお金を貯めて、手に入れたネックレス。似たものがあるけれど、色違いだからと自分に言い訳しつつ、また買ってしまった暖かいダウンジャケット。ネットで検索中、つい衝動買いしたエクササイズマシーン。給料から毎月貯金して、数年越しで買った中古の車……。物を買うことで気持ちは高揚する。自分の所有物だぞというストレートなうれしさや、それがあることで快適な生活ができるだろうと考えることなどで、幸福度が増加するのだろう。

ただし、物があることで幸せな気持ちを持つことには、通常は限度がある。パソコンは二〜三台あってもよいかもしれないけれど、普通の生活をしているなら一〇台も必要ないので、多いことで幸せな気持ちは感じない。高級そうな濃厚チョコレート生地のスウィーツをもらうとうれしいが、連日もらい続けると、もういいです、だ。

物にはこのように通常限度があり、それを超えると幸せは感じられなくなるようだ。「積極的幸福」を説明した山田さんも、結局、消費で幸福を感じるというシステムがうまく稼働しなくなっている現在、それに代わるものとして、モノを介さない「つながり」からいかに幸福を実感する方法を見つけるかが、幸福な人生を送れるかどうかの目安になるだろう、と述べている。そもそも、幸せというのはじわじわと自分の体の内側から湧いてくるものだ。自らの努力や意志が加えられるようなニュアンスを持つ「積極的」という言葉を入れた「積極的幸福[1]」は、本来の幸せでないと思う。

「持たない」幸せ？

すでに一部の人たちは、消費至上主義から少しずつではあるが、抜け出している感じがする。戦後の不自由な時代ではなく、物があふれている現在は、消費社会から卒業し、物をあまり持たずに暮らそうという人が増えている。

『欲しがらない若者たち』（山岡拓、日本経済新聞出版社、二〇〇九年）によれば、二〇代以下（一八～二九歳）で車を運転する人たちは、一九九三年には運転者（この場合「主運転者」。つまりその車を主に運転している人）全体の二割を占めていたが、二〇〇七年には一割を大きく割り込んでいるという。こうした車離れに加えて、ブランドの時計やカバン、靴、テレビなどの保有率も減少していることを示していた。

では、そんな人たちが不幸かというと、そうではない。反対に、幸せに浸っているようなのだ。ワンルームの部屋に家具はなく、洋服はわずか六着、風呂場にはシャンプーはなく石けんのみ。『ぼくたちに、もうモノは必要ない。』（ワニブックス、二〇一五年）を書いた出版社勤務でミニマリストの佐々木典士は、物を少なくすることで、時間ができる、生活が楽しめる、自由と解放感を感じられる、人と比べなくなる、エコにもなる、人との関係が変わる、感謝できるなどと語っている。

家の中に物がまったくない状態でも、幸せな日々を送っているようなのだ。そう、消費によって幸せになるということが、すべてに当てはまるとは限らない。消費は、幸せという、もやもやした雲のかたまりのようなものの一部分でしかない。ある人にとっては中心部分にあるかもしれないが、ある人にとってはそれほどでもないのだ。

幸せに点数をつけてみよう

いきなりだけれど、この質問に答えてもらえるだろうか。

「現在、あなたはどの程度幸せですか。『とても幸せ』を一〇点、『とても不幸』を〇点とすると、何点くらいになると思いますか」

幸せに点数をつけるなんて、考えたことがない人がほとんどだろう。いざ点数をつけようとすると、案外難しい。実際のところ、幸せというふわふわした概念に対して点数をつけるのは無謀にも思えるのだが、自分の感じることを定量的に表してみて、見えてくることはあるはず。さて、あなたは何点と答える?

この質問への答えに正解はないが、一般の日本人がどう答えているかの回答がある。ただし、その値を見てから自分の幸せの点数を考えてみると先入観が入るので、このページでは記載しない。

幸せとは何か。何千年も前から哲学者が悩んで回答を出せないでいる。とはいえ、興味のつきない事柄であることは明白で、現代においても各機関が幸福度を測定しようと努力している。

代表的なところでは、OECD（経済協力開発機構）のBetter Life Index（より良い暮らし指標）がある。暮らしの一一分野（住宅、収入、雇用、共同体、教育、環境、ガバナンス、医療、生活の満足度、安全、ワークライフバランス）に関して、三六カ国の状況について比較したものだ。生活において重要だと考えられる諸事項を数値化し、主観的な幸福度も含めている（二〇一四年度における一一分野の総合で一番高い得点だった国はオーストラリアだ。日本は二〇位）。

そのほか数年前からよく知られるようになったのは、ブータンの国民総幸福（GNH＝Gross National Happiness）だろう。国の人口はわずか七〇万人。二〇一〇年に国民の一％にあたる七一四二人に平均四時間半にわたって詳細にインタビューして得た回答の結果は、GNH指数〇・七四三だった。つまり、幸せに感じている人の割合が七四・三％。調査したのは以下の九領域である。①心の健康、②健康、③時間の使い方、④教育、⑤文化の多様性、⑥良い統治、⑦コミュニティの活力、⑧環境保全・生物多様性、⑨生活水準(本林靖久・髙橋孝郎『ブータンで本当の幸せについて考えてみました。』阪急コミュニケーションズ、二〇一三年)。

幸福度について内閣府の資料[2]を見ると、GNHのほかにも数多くの測定が掲載されていた。たとえば、国際連合のミレニアム開発目標、国連開発計画の人間開発指標、フランスの経済パフォーマンス及び社会進歩の計測に関する委員会、イギリスの国民幸福度計測、タイのグリーン・幸福度指標などである。

民間のシンクタンクでも幸福度は研究され、たとえば、イギリスのNew Economics Foundation はHPI(The Happy Planet Index)という「幸せな地球の指数」を出している。この指標がユニークなのは、「持続可能な幸福度」を地球規模で測定したことだ。つまり、「われわれ(人間)にとって大切なこと」のほかに、「地球にとって大切なこと」という観点からも測定しているのだ。「幸福度の値」と「平均寿命」を掛け合わせて、「その国のエコロジカル・フットプリント[3]」で割った指数を出す。

二〇一二年の結果によると、イギリスは四一位、日本は四五位、アメリカはあらら一〇五位だ。上位は中南米が多く、一位はコスタリカで、三位コロンビア、四位ベリーズ、五位はエルサルバドルだ（二位はベトナム）。

コスタリカでは、単に国民が幸せに感じているだけでなく、高い社会保障費による社会保障が完備していて、国民はこんな幸せな社会を自分たちがつくりあげているという充足感があるらしい。なお、コスタリカのエネルギー源は、水力発電が七六％、地熱発電が一二％、風力が四％と、自然エネルギーが九割を超えている（伊藤千尋「『私は幸せです』と即座に返ってくる国」『WEBRONZA』二〇一五年三月二〇日）。

幸せの指標は身近なことだけ？

偉い思想家だったり、政府だったり、国際機関だったり、シンクタンクなどが考察している、このとらえどころがない幸せというものについて、もう少し一緒に考えてみよう。一人ひとりの幸せは、環境、社会情勢など周囲の状態で変化する。とはいえ、あくまでも感じるのは自分であって、主観的要素が大きいことは間違いない。形に表すことは至難の業だけれど、多少なりとも整理して、幸せの形をおぼろげにでもつかんでみたい。

日本でも、内閣府が「『幸福感』や『新しい公共』に係る国民意識とともに、生活全般や福祉領域に関する考え方に係る長期的な人々の意識の変化を把握することを目的」に、国民生活選好度調査（対象は一五歳以上八〇歳未満の四〇〇〇人）を行っている。その一つに、次の質問がある。

「現在、あなたはどの程度幸せですか。『とても幸せ』を一〇点、『とても不幸』を〇点とすると、何点くらいになると思いますか」

これは、八〇ページの質問と同じものだ。二〇一一年の結果は、全国平均が六・四一点だった。あなたの幸福度は平均よりも高かっただろうか?

この調査では、「幸福感を判断する際に、重視した事項は何ですか」として、次の一二項目をあげていた。
①家計の状況(所得・消費)、②健康状況、③家族関係、④精神的なゆとり、⑤就業状況(仕事の有無・安定)、⑥友人関係、⑦自由な時間、⑧充実した余暇、⑨趣味・社会貢献などの生きがい、⑩仕事の充実度、⑪職場の人間関係、⑫地域コミュニティーとの関係。
これらの項目が幸福度を決定すると、内閣府は想定していたことになる。項目の選択に苦労したのではないかと感じるけれども、これらが本当に幸せの要素なのだろうか。

まず、間違いなく妥当なのは、「家計の状況(所得・消費)」、つまりお金に関わることだ。経済的に困窮し、日々の食事さえ取れない状況では、幸せな生活ができるとは言えない。

次に、残りの一一項目は二つに大きくまとめられる気がする。一つは、「自分自身」のことだ。つまり、ある程度の健康な体と健全な思考が備わった心。そこには、そんな状態が保てる自由な環境と心のゆとりも含まれる。もう一つは、そんな自分と接する「他者」。家族や友人、職場の人たち、地域の人たちとの交流である。自分が影響を受ける人たちと、影響をもたらす人たちだ。

①経済――家計の状況

②自分に関すること――健康状況、精神的なゆとり、自由な時間、充実した余暇

③自分と他者との関係――家族関係、就業状況、友人関係、趣味・社会貢献などの生きがい、仕事の充実度、職場の人間関係、地域コミュニティーとの関係

こうして一二項目を整理すると、内閣府が考えている幸せの中身に何かが足りないことが浮き彫りになったと感じないだろうか？　内閣府では、幸せを感じる項目を身近な周囲に関することにしぼっているように見える。

ＷＷＯＯＦホスト農家には、自分個人は幸せだと言えるが、「安全保障関連法を制定するような日本は将来がわからず、子どもの未来を思うといたたまれなくなる」「内外の政治を憂慮している」「戦争や飢えで苦しんでいる人がいる」ために幸せとは思えない人たちがいた。

そして、イギリスのシンクタンクが行っている「幸せな地球の指数」のことも思い浮かんでくる。いくら自分が健康で、お金があって、家族やまわりとよい関係ができていて

も、その土台となる地球や社会環境が悪化し、大気汚染や、地球温暖化による異常気象、さらに原発事故や戦争などが発生して安心して暮らしていけなければ、一気に不幸の領域に押しやられてしまう。二一世紀を生きる私たちが幸せの度合いを調べるうえで、地球や社会全体の不安がないかどうかを決して忘れてはならない。

それにともなって、制度づくりが大切だろう。二〇一四年に死去した経済学者の宇沢弘文は、豊かな社会について次のように述べていた。

「多様な夢とアスピレーション（筆者注：大志）に相応しい職業につき、それぞれの私的、社会的貢献に相応しい所得を得て、幸福で、安定的な家庭を営み、安らかで、文化的水準の高い一生をおくることができるような社会」（『社会的共通資本』岩波新書、二〇〇〇年）。

そのためには、社会的共通資本として、自然環境、社会的インフラストラクチャー、制度資本の三つが基本となる。宇沢さんは、豊かな自然環境、快適な住居と生活的文化的環境、学校教育制度、最高水準の医療サービス、金融、司法、行政などの経済的、社会的制度が整備されていることが必要だと論じる。

こう考えてみると、幸せを考えるうえで必要な項目は大きく四つに分けられるはずだ。

①経済——経済的に満足できること
②自分自身——心と体がうまく機能していること

③他者との関係――安心できる場所があり、必要と思われていること
④自然と社会――環境と社会制度が良好に保持されていること

満足と幸せの違いはなんだろう

次に、幸せと同じようで少々違っているように感じる「満足」についても考えてみたい。

社会学者の古市憲寿が『絶望の国の幸福な若者たち』（講談社、二〇一一年）で言及しているように、近年の若者の生活の「満足度」は高い傾向にあるらしい。

NHK放送文化研究所が行った「生活全体についての満足感」調査でも、同じ結果が出ている（『現代日本人の意識構造』NHK出版、二〇一五年）。「あなたは今の生活に、全体としてどの程度満足していますか」という問いへの回答を見てみよう。

一九七三年には、男性若年層（一六～二九歳）の満足度は七〇％、男性高年層（六〇歳以上）は八四％で、高年層のほうが一四ポイントも高かった。一方、四〇年後の二〇一三年には、高年層の九一％にたいして、若年層は九〇％にまで上がっている。(4) 女性の若年層についても、一九七三年の八一％から二〇一三年には九五％へ上がり、中年層と高年層の九三％より高い。最近の若者たちは、けっこう「満足」しているのだ。

しかし、先の内閣府の「幸福度」では一〇点が満点で、平均が六・四一点だった。これを単純にパーセントに変換すると六四・一%だから、NHK調査の「満足度」とはかなり異なる。どうしてだろう。「幸福度」と「満足度」とは似ているようだけれど、違いがあるのではないか?

「幸せ」の中に「満足」が含まれているのだろうか。それとも、「満足」の中に「幸せ」が含まれているのか。

「幸せ」と「満足」は重なる部分があるが、重ならない部分もあるように思える。「満足だけど幸せではない」や「満足ではないが幸せ」も成り立ってしまうから、満足と幸せは同じではない。まず、「満足で幸せ」と、「満足だけど幸せではない」状態を考えてみよう。

〈満足で幸せ〉

春用の新しい靴を買ったし、彼とはうまくいっているし、仕事も楽しく、すべてに満足していて、幸せを感じる。

満足であり、そして幸せである。シンプルで、すっきりしている。しかし、「満足で幸せ」には次のような状況もありえる。

春用の新しい靴を買ったし、彼とはうまくいっているし、仕事も楽しいし、満足しているので、幸せなんだと思う。これが幸せなんだと納得している。いろいろ物質的に満足で、精神的にも満ち足りている。もしかしたらどこか不足している部分があるかもしれないけれど、欲を言えばキリがない。とりあえずは満足できる状態だし、幸せにちがいない。このように自分を納得させているケースもあるだろう。では、「満足だけど幸せではない」はどうだろうか。

〈満足だけど幸せではない〉

春用の新しい靴を買ったし、彼とはうまくいっているし、仕事も楽しい。それぞれに満足はしているんだけど、なーんか幸せではない。

「満足で幸せ」の後者の例は、自分に幸せを納得させている。一方この「満足だけど幸せではない」は、自分の状態に納得せず、もっと心に深く入ってくる何かが欲しいという、生々しい気持ちをそのまま表に出しているようだ。

仮に、新しい靴を買えば満足を感じる「コップ」があったとする。買うことで、そのコップは満たされる。ボーイフレンドというコップも同じように満たされ、満足する。にもかかわらず、幸せではないと感じるのは、ほかにまだ空のコップが数個あり、そのコップが気になっているせいではないか。空のコップから「ここに入ってないよー」との小さなつぶやきが聞こえてくるのだ。その不足感のために、幸せに感じないのだろう。

あるいは、個々の満足感については言及できるが、人生経験が豊富でないと、「幸せというものがどんなものであるのかよくわからないので、これくらいの状態だとまだ幸せではないかもしれない」と感じるのかもしれない。

次に、「満足ではないが幸せ」について考えてみよう。満足していなくても、幸せな気持ちを持つことはできるようだ。


〈満足ではないが幸せ〉


去年の靴しかないし、男友達がまだできないし、仕事は残業続きでゲンナリ。でも、不幸ではなく、幸せだと感じる。欲しいものやしたいことはまだあるけど、これで十分。

いろいろ不満はあるが、仕事があり生活はできている、職がない人と比べるとそれだけでも幸せだ、と感じる人だろう。あるコップには「満足」が満たされているが、あるコップには半分ぐらいの満足しか入っていない、別のコップには何も入っていない。しかし、こんな少ない満足でも、これで十分。足るを知るというのが、「満足ではないが幸せ」なのではないだろうか。消極的幸福に近いかもしれない。では、反対はどうだろう。

〈満足ではなく幸せでもない〉

去年の靴しかないいし、男友達がまだできないいし、仕事は残業続きでゲンナリ。こんな満足できない暮らしで、幸せとは言えない。

この人は、もしかすると、少々物質第一主義なのかもしれない。満足できないのを他人や運のなさのせいにしているとも考えられる(だが、満足できるようになると幸せになれる、とも考える人だ。このように思っている人は、本人の意志でこれから道は開け、幸せになれるのかもしれない)。

次に、「満足」と「幸せ」を置き換えて、「幸せだけど満足ではない」や「幸せではないが満足」を考えてみると、次のようなことが言える。

〈幸せだけど満足ではない〉

幸せか？　と聞かれたら、好きなことをやってきて自分の道を歩んでおり、心も平安な状態なので、幸せだと答えられる。だけど、去年の靴しかないいし、ボーイフレンドがまだできないいし、仕事は残業続きでゲンナリだから、この状態には満足できない。

「幸せだけど満足ではない」は、先の「満足ではないが幸せ」と同じように思えるが、このように例文をあげると、状態が異なるのがわかる。後半の言葉に本音が含まれているからだ。「満足ではないが幸せ」は、「幸せ」な状態が気持ちの中心になっていて、足るを知るという謙虚な気持ちがある。しかし、「幸せだけど満足ではない」は、「満足ではない」に力点がおかれていて、些細なことも要求しているように感じられる。

〈幸せではないが満足〉

幸せか？と聞かれたら、生活するだけで精一杯で貯金はたまらず、自分をどこかへ連れて行ってくれる王子様のような人はまだ現れないから、幸せではないと答える。でも、今日の会議でうまくプレゼンテーションできたし、仕事はまずまずうまくいっているので、その点は満足している。

この場合は、満足な状態がもう少し続くと、幸せという状態に転換していけるような気がする。王子様なんか待たずに、のちに自分でいい人を見つけられるだろう。

このようにさまざまな例を考えていくと、「満足」は、ある期間や場所でなしとげられた達成感と喜び、あるいは、自分の心の中で目標を設定して成就できたもの、と言えるのではないだろうか。自分がしたいとか欲しいとかの欲求に対して、どれだけ得られたか。計算式をつくったとしたら、分母が欲求で分子が得たもの、となるかもしれない。得たものよりも欲求が大きければ、満足にならないはずだ。「満足」については、このように比較的容易に答えが出せる。

内閣府の調査とは別に、「現在自分がどの程度幸せであるか」を一〇点満点で尋ねた、厚生労働省の「幸福度」調査もある（『平成二六年版厚生労働白書』）。若者は生活の満足度が高いということを念頭にこの調査結果を見ると、驚いてしまう。なぜなら、若者（二〇～三九歳）の幸福度が六・〇三点と低いからだ。中年層（四〇～六四歳）の六・二五点や高年層（六五歳以上）の六・九二点よりも下である。

若者の満足度は、男性九〇％、女性九五％と他の年齢層よりも高いか同程度なのに、幸福度は低い。この結果からも、満足と幸せは同じでないことが結論づけられるだろう。現代の若者についていえば、概して「満足だけど幸せではない」のだ。

ある程度、欲しいものは手に入っているから満足はできるが、自分のやりたいことが見えていなかったり、就労経験がなかったり浅かったりするため、他者や社会状況についての洞察がまだ十分にはできない。だから、どのくらい恵まれた（あるいは恵まれない）環境にいるのか比較できず、幸せかどうかをまだよく計ることができないのだろう。

あるいは、恋愛や結婚、役職に就いて活躍するなど人生の山頂へ登る前、つまり幸せだと考えられる場所へ向かう途上であるため、「（今はまだ）幸せじゃないよ（だって、幸せのピークはこれから来ると感じているから）」と回答するのかもしれない。また、勉強や仕事や恋愛に大忙しで、全体として自分が幸せかどうかなんて、じっくり考える時間もゆとりもないかもしれない。

だから、若者が幸せでないからと言って、不安になることはないのだろう。

心の余裕

満足したとか幸せだ、と言えるほどではないけれど、ちょっとしたいい気分のときがある。

長い冬がそろそろ終わりに近づき、急に暖かくなった日、なくなりそうなティッシュを買いに外に出て歩いていると、雪解けしたばかりで去年の枯れた草が残っている近所の庭先に、クロッカスの鮮やかな黄色い花がひょっこり顔を出しているのに気がついたとき。

学校の廊下ですれ違った先生から、「先週のテストではよくがんばったね」と直接声をかけられたとき。

外国からの旅行帰り、駅の階段で大型のキャリーバッグを持ちながら数段上がっては休み、また上がっては休みしていると、小学校高学年の男の子三人が来て、「手伝います」とややはにかみながら、バッグを運んでくれたとき。

このようにちょっとしたことで、心がぽっと暖かくなる気分は、元々幸せであったら、自分の心の中の幸せ箱に加算されるし、幸せでなかったら幸福行きへの無期限乗車券獲得のポイントになるように感じる。週末に雑誌を読んでいたら、グラビアモデルでタレントの壇蜜が、連載エッセー(『週刊新潮』二〇一五年一〇月一五日号)で、空港のカレー屋の貼り紙で「お急ぎのかたへ。ポークカレー即提供できます」という文面を見て、その店側の旅行者に対しての深遠なる配慮を感じ取り、「一瞬の幸福以上に記憶に強く根付き、名残惜しいものを私は知らない」と、まさに語っていた。

そんなちょっとした幸せの反対に、ちょっとした悪い気分になることもあるだろう。一〇時間の夜のロングフライトで、リクライニングを倒したら、後ろの席の巨大な体格の男性が故意に蹴っ飛ばしてくる。演奏会で順番待ちをして、やっと開場となったら、いつの間にかおばあさんがするすると前に入り込む。つまらないことで夫婦喧嘩をしてしまう。

とはいえ、いつもほどほどの幸せを感じていると、心に余裕があるから、少々不快なことがあっても、大目に見たり、時間とともに忘れて、気持ちを整理できる。後ろの席の外国人は、もう少ししたら落ち着いて寝るだろう。割り込みのお年寄りは、目が悪くて並んでいることがわからなかったのかもしれないから、譲ってあげよう。夫との喧嘩は、犬も絶対食わない理由だとわかるし、もう忘れてしまおう。

幸せアンテナのいろいろ

ある人は幸せに感じるけど、ある人にとっては幸せと感じられないという状況は、たしかにある。

最近少し弱さが見えるようになった貧しい家の父親が、どこかで農作業を手伝ってお金を得た。その端に泥がついている一万円札を二枚手にするのと、いとこが何気なく買った宝くじで当たった賞金一〇〇万円の中から二万円を手渡されるのでは、同じ二万円でも、どうしても価値が違うように感じる。(5)

幸せも、まわりの状況のほかに、自分がどのような状態であるか、自分がどう考えるかによって、異なってくるのだろう。

このわけのわからない幸せが、大気に漂うもやもやとした雲のようなものと仮定してみよう。人が暮らす空間の中に、いつもうっすらと霞のように漂っていると考えてみていただきたい。

その雲はさまざまな内容の幸せを含んでいる。そんな雲の粒を感知できるかできないのかによって、人の幸せの度合いが変わってくるのではないか。幸せはいたるところに漂っている。でも、それは見えづらいときがあったり、隠れていたり、目の前にありすぎて見えなくなっていたりする。そんな幸せを幸せだと感じ、それを抱きしめることができるか。幸せをいかに受信できるか（図16）。

幸せを受け取れる受信機（アンテナ）を一人ひとりが所持していると考えると、わかりやすいかもしれない。そのアンテナは誰もが同じ大きさや高さではないし、所有数も異なる。それによって、幸せを受ける量と濃度が異なる。だから、貧しそうで幸せとは見えない人が、本人にしてみれば、どんな小さな幸せの粒も受信している状態になっていて、そのため幸せと感じられるのではないだろうか。

図16　「幸せ」と、幸せを感じる「大・高・多」のアンテナ

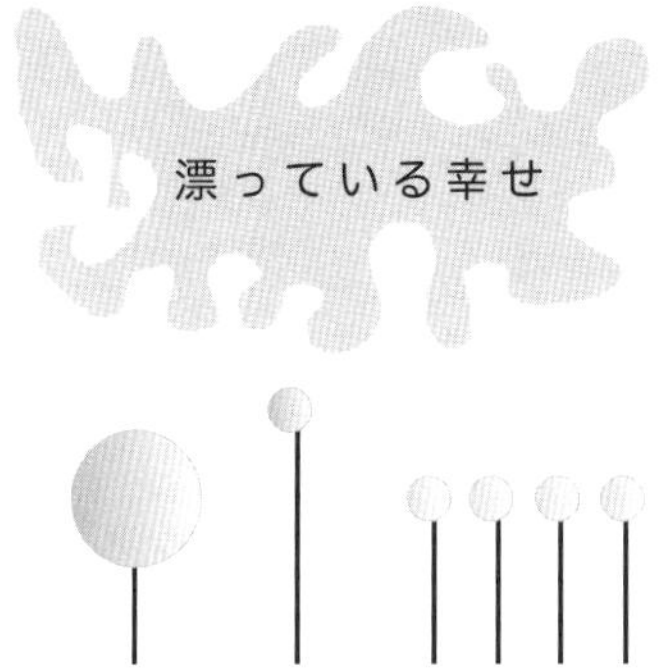

アンテナの大きさとは、どれだけ幸せの粒を拾うことができるか。二〇一五年のノーベル経済学賞を受賞したアンガス・ディートンは、「幸福の増加は、知識こそカギだ」と言っている（松本裕訳『大脱出』みすず書房、二〇一四年）。

知識。そう、さまざまなジャンルの本を読み、学習し、ある程度の知識を得ると、アンテナは大きくなり、各分野が発する幸せを大きくすくい取ることができるだろう。文楽、ピカソの絵、カーリング……。それぞれ何なのかを知らないと、深みがわからないままパスしてしまうけれど、歴史や成り立ちなどを学習す

ることで、文楽の芸術性、ピカソの偉大さ、カーリングの面白さがすんなり理解でき、すごいなあと感動や喜びが生まれるだろう。アンテナの大きさは教養の度合いだ。

アンテナの高さは、どれだけその幸せの雲に近づけるか。自宅と職場の往復だけの日々ならば、さまざまな種類の幸福の粒になかなか気づくことができない。日常から離れてみて、自分自身をどれくらい別の世界におくことができるか。物事に対する探求力や、やってやろうじゃないかという冒険心の度合い。

アンテナの数は、どれくらい多くの事柄やジャンルを受信できるか。「あれはＹｅｓ、これはＮｏ」と固定観念で白黒つけるのではなく、思い込みをせず、多様性に気づくことができるか。単一思考ではなく、複眼的な視点をどれほど持っているかの度合い。

私自身がどう受信するのかにより、先の二万円の例のように、意味や価値がまったく変わり、感謝や幸せの度合いが異なってくるはずだ。こうしてみると、「満足」の場合と違って、「幸せ」を感じるためには、土台づくりが必要かもしれない。

そしてもう一つ、偶然に起こったことに目を向けることが大事なようである。

偶然に感謝できるか

幸せな人といっても、こんな気楽な人もいる。お昼から酒を飲んで、パチンコして、家に帰ってゴロ寝しながらテレビのバラエティ番組を見て、ガハハと笑いながら、今日も幸せな一日だったなあ、というような毎日を送る。他人に迷惑をかけず、自分が幸せな気分になっているのだから、これでいいのだ、と言えなくもない。でも、何か心にひっかかる気がするのはなぜなのか。

雑誌に連載コラムを持ち、テレビの教養番組に出演する、フランスの高校の先生で著述活動をしているシャルル・ペパンは、「考える」ことが大事だと言う。「おめでたい人」は今を生きているだけで、幸せに限界があり、陶酔や恍惚を味わうことはないだろうと述べている（永田千奈訳『考える人とおめでたい人はどちらが幸せか』阪急コミュニケーションズ、二〇一三年）。知的な分析を行わないから、ふだんの生活を違った視点から眺め、そこに価値を見い出すことができず、それが「おめでたい人」の限界だと言う。パチンコしてゴロ寝のおじさんの幸せは表面的な幸せでしかない、ということか。

ペパンはさらに、古代ギリシャの哲学者であるエピクロスを引き合いに、「今現在のもつ偶然性について知的に考えることができれば、ちょっとした幸運（生活に困らず、病気でもない）だけでも、充分に今の自分が幸せだと感じることだろう」と述べる。そして、こんな例を示す。

ＴＧＶ（フランスの高速鉄道）の列車で偶然に男女が出会う。男は一本前の列車に乗り遅れたために、この列車に乗った。女は飛行機をたまたまキャンセルして、この列車に乗った。二人は意気投合し一夜を共にする。「おめでたい人」はその瞬間の満足で終わる。だが、「考える人」の場合、二人が出会えなかった可能性が非常に高かったのに、こうして出会えた絶妙な偶然に思いをめぐらし、感激し、その出会いの喜びを倍増させるだろう。ペパンはこう説明し、深く掘り下げることで幸せが深くなると述べていた。

そのとおり。まさしく、偶然や運に感謝し、なぜそうなったか考えることで、幸せな気持ちは厚みを増すだろう。考えること、そして、偶然をしっかり胸に受けとめること。これは大事な要素だ。

実際、ＷＷＯＯＦを選択したために、ホストとウーファー、あるいはウーファー同士が出会い結婚に至ったという話を毎年耳にする。もしも、このウーファーが別のホストへＷＷＯＯＦの申し込みをしていたら、あるいは、このホストが異なるウーファーを選択していたら、二人は出会うことはなかった。そう考えると、その摩訶不思議な出会いに幸せを感じ、深く感謝したくなる。

そこでちょっと思い出したのが、『スライディング・ドア』（イギリス・アメリカ、一九九八年。主演はグウィネス・パルトロウ）という映画だ。会社に勤める女性が、地下鉄にギリギリ乗れたか乗れないかで、その後の運命がまったく変わっていく二つのストーリーが描かれている。

運良くドアが閉まる前、ギリギリ乗れた側のストーリーは、地下鉄内で朴訥な雰囲気の男性と会話することになる。ところが、家に到着したら、一緒に生活しているパートナーが浮気をしているところに遭遇してしまった。傷心するが、地下鉄内で出会った男性と仲良くなって、と展開していく。乗れなかった側は、浮気相手は出たあとだったので現場を見ることはなかったが、その後、会社から解雇されウェイトレスになり……。

こうして異なる人生が展開される。同じ人物なのに、ほんの一秒、時間に狂いが生じただけで、違う人生を歩んでしまうのだ。

「映画だからそんなふうになるんでしょ」と思う人がいるだろうが、本当にそうか。偶然は無数にある。実のところ、地球上に、人という考える生き物が誕生したことからして不思議なことなのだそうだ。『人類が生まれるための12の偶然』(眞淳平著、松井孝典監修、岩波ジュニア新書、二〇〇九年)によると、人類が生まれたのは偶然が積み重なってきたおかげであり、その一つだけでもなかったら、人類が誕生して高度の文明を築くことはなかったという。偶然に感謝だ。

二　幸せなホスト

ホストの幸せはどれくらいか

ここで、ＷＷＯＯＦホストに戻ってみよう。ホストに単刀直入、幸せについて尋ねてみた。その結果からどんなことが見えてきたか？　まず、結論から言うと、ホスト登録をしている人たちは概して、幸せだったのだ。

ＷＷＯＯＦジャパンの登録ホストに対して、幸せについてのアンケートを二〇一二年に行った。内閣府のアンケートと同じで、皆さんにも尋ねた質問である。

「現在、あなたはどの程度幸せですか。『とても幸せ』を一〇点、『とても不幸』を〇点とすると、何点くらいになると思いますか」

得た回答を集計し、平均値を出してみて驚いた。八・四六点だったからだ。(6) 二〇一一年の内閣府アンケートの結果では、日本国民の平均値は六・四一点だから、それより二点も高い。

日々充実し、楽しそうに暮らしているホストを多く見かけ、幸せに感じている人が多い

図17　WWOOFジャパン登録ホストの幸せ度

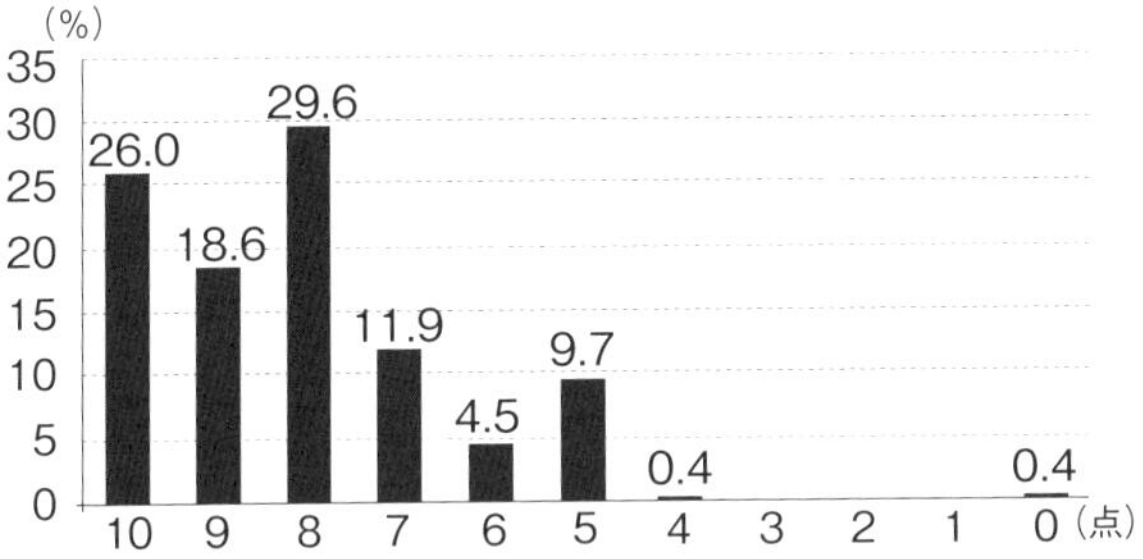

（注）2014年調査。回答数269人。

図18　一般国民の幸せ度

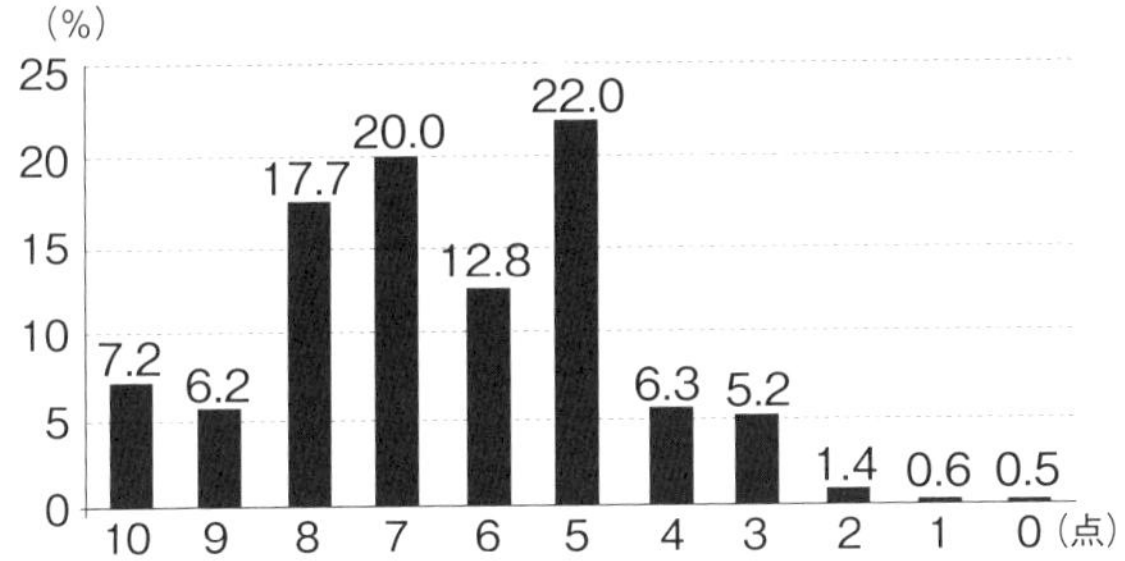

（出典）2011年度内閣府国民生活選好度調査結果より筆者作成（回答数2,790人）。

だろうと思ってはいたが、予想以上に高い数字だった。誘導的な質問はせず、内閣府と同じ質問を投げかけた結果である（回答者一一八人）。念のため、二年後の二〇一四年一二月にも同じ質問を行った（回答者二六九人）。今度も同じように高く、八・一八点。やはり、ホストは幸せに感じているのだ。

図17は二〇一四年に調査したホストの幸せ度の点数別割合で、図18は内閣府が調査した一般国民の結果

だ。内閣府調査の一般国民の幸せ度点数で一番多かったのは五点で、割合は二二％。次に多いのは、七点と八点である。

一方、ホストは八点が二九・六％と一番多い。そして特筆すべきは、一〇点満点という回答も多かったことだ。「私はとても幸せ。これが幸せでないと、何が幸せなんだろう」というような高い充足感を持つホストが、なんと四人に一人もいる。

なぜだろう。同じ日本の国で暮らしているのに、内閣府の国民調査の結果と、どうしてこんなに違うのか。ホストから得た回答[7]をもとに、いろいろな角度から考察してみよう。

年代別の幸せ度

まず、ホストの年齢によって幸せ度に違いがあるのかを調べた。

若者が幸せと感じていないからといって、心配することではないと先に述べた。社会学者の大澤真幸は、「幸せではないということは、私の人生はよくないんだ、と自分の人生をトータルに自己否定してしまうことになるので、なかなか言えない。将来はもっと幸福になるだろう、と感じられるときに、今幸せでないと言うことができる」というようなことを述べていた(「可能なる革命第1回『幸福だ』と答える若者たちの時代」『atプラス07』太田出版、二〇一一年)。

図19　WWOOFジャパン登録ホストの年代別幸せ度

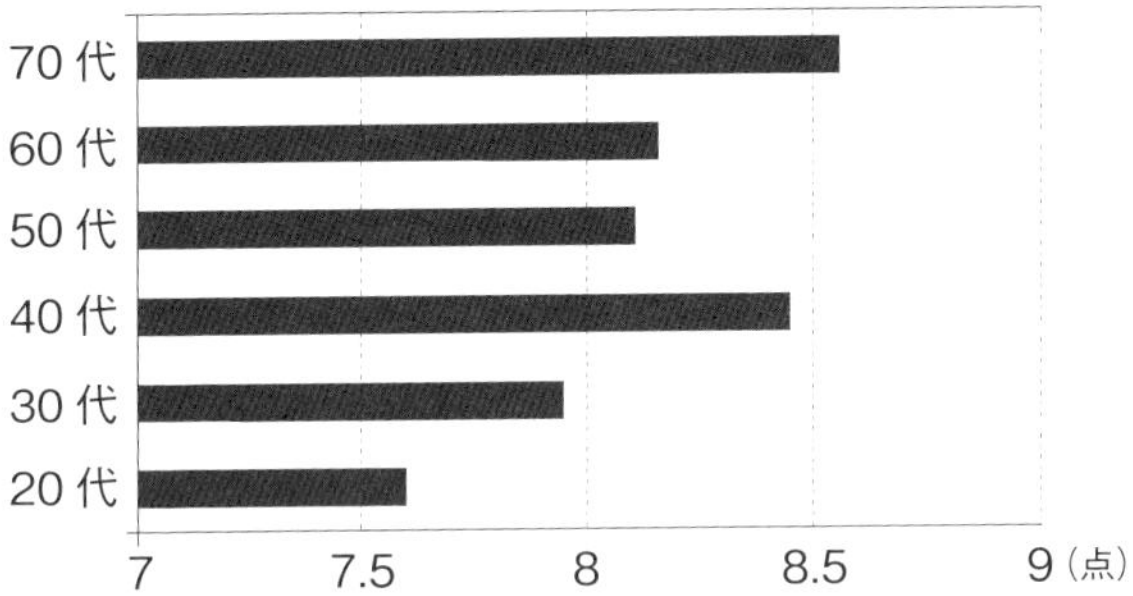

（注）2014年調査。回答数268人。

老人は、若者のようなこれから先の長い人生がないため、幸せではないというのは、自分の人生をすべて否定することになってしまう。だから、少々悪かったとしても、これで良かったと自分を納得させるために、幸せに思う気持ちが自然に高くなる。他方、若者は長い将来があるから、今は不幸せでも今後挽回ができる。そんな余裕があるから、「今は幸せではない」と言えるということだ。

このセオリーは、ホストの年代別幸せ度に当てはまった。七〇代の幸せ度が一番高く、八・五六点である。一番低いのは二〇代の七・六〇点だった（図19）。

年代が下がるにつれて、幸せ度が低くなる。ただし、四〇代は例外だ。四〇代のホストは心も体もエネルギーいっぱいで、開始した事業がうまく運びつつある。ちょうど自分の理想に近い状態かそれになりつつあると十分に感じられ、それが素直に数字に表れたのではないか。

図20　WWOOFジャパン登録ホストの忙しさの度合い別幸せ度

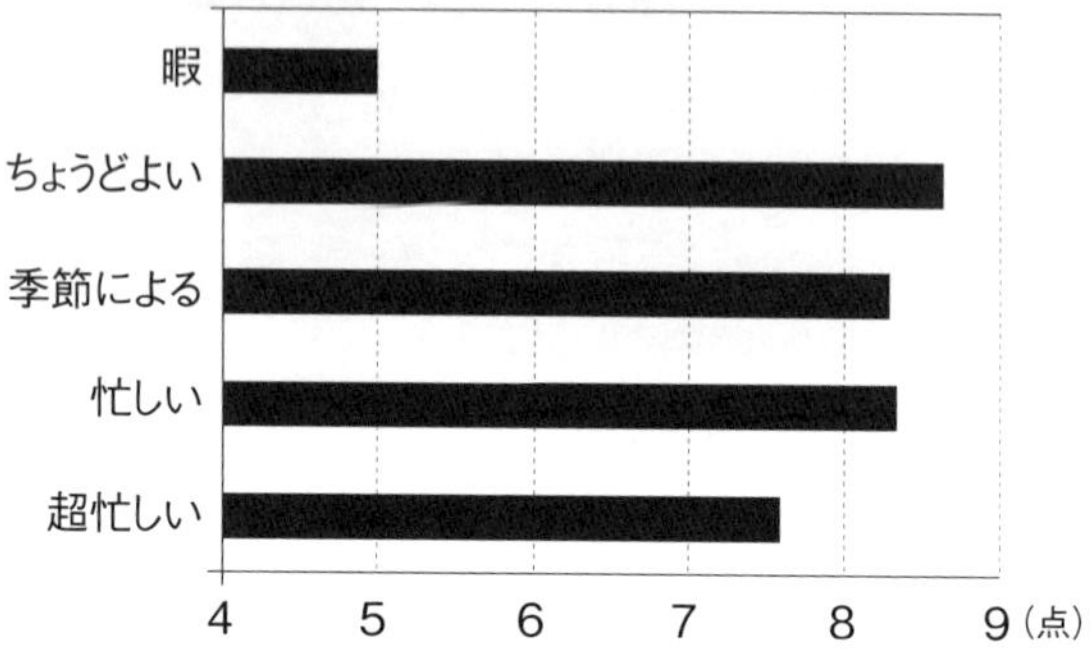

（注）2014 年調査。回答数 260 人。

五〇代、六〇代とどのような人生になるかわからないが、とりあえず、人生の半分ほどの地点においては合格点になると判断を下した結果だろう。

忙しさによる幸せ度

次に、忙しさの度合いによって幸せの感じ方が異なるのかどうか調べてみたところ、おもしろいことがわかった。「暇」だと幸せではないのだ（図20）。猛烈に忙しいホストたちが多いのだが、「常に忙しく自分の自由な時間がとれない（超忙しい）」人たちに比べて、「暇である」を選択したホストの幸せ度は大幅に低く、五・〇点だった。

「ちょうどよい状態」が高い幸せにつながるようで、八・六三点だ。「常に忙しいが、自分の自由な時間がとれている（忙しい）」「季節や仕事内容によって、忙しいときと忙しくないときがある（季節による）」は、ほぼ同じ点。時間があることはいいと思えるが、暇と感じるくらいになると生活上のやりがいが感じられず、自分が無用に思われるからだろう。ある程度何かに打ち込んでいて、誰かの役に立っていると思われないと、人は喜びが感じられないのだなあ。

家族形態による幸せ度

どのような家族の形態があるかを調べた。すると、二世代家族、つまり夫婦と子ども、あるいは夫婦とその親（「夫婦と子ども」のほうが多い）というパターンが半分程度で、一番多かった（図21）。都会では少なくなった三世代、四世代という家族も、一二％いる。夫婦のみが二六％、一人が一四％だ。

次に、家族形態によって幸せ度に違いがあるか調べてみた。二世代や夫婦の場合、八・四三点、八・三二点と高く、一人の場合は七・三〇点と相対的に低い（図22）。一人という家族形態には、二〇代の若い独身者のほか、五〇代や六〇代の中高年独身者、子どもが成人になって家を離れた、配偶者と離別や死別したケ

図21　WWOOFジャパン登録ホストの家族形態

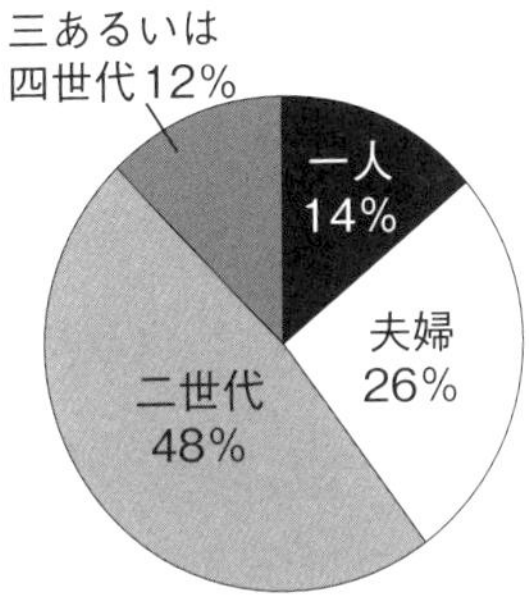

（注）2014年調査。回答数265人。

図22　WWOOFジャパン登録ホストの家族形態別幸せ度

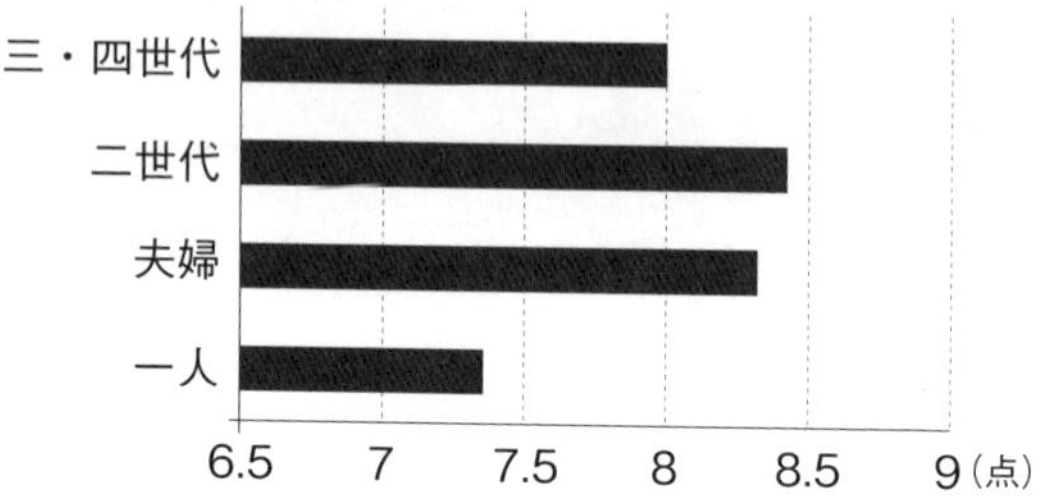

（注）2014年調査。回答数259人。

図23　WWOOFジャパン登録ホストの他者との接触別幸せ度

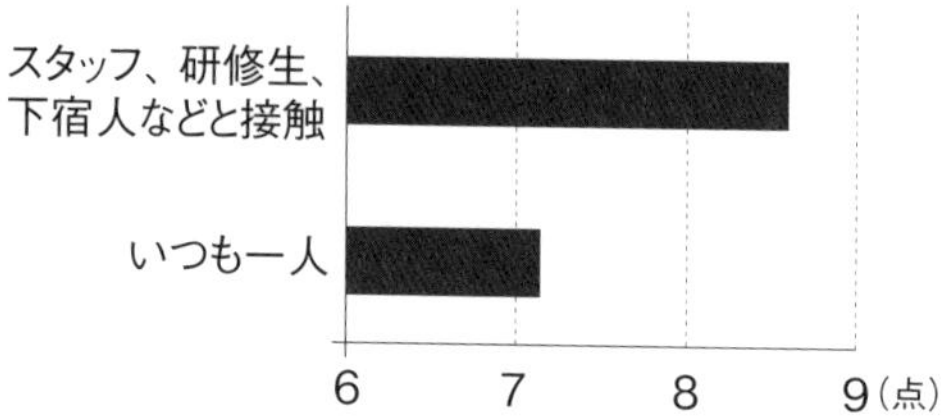

（注）2014年調査。回答数は家族形態が一人であった37人。

ースなどがある。いずれにせよ、同居家族がいないと幸せに感じる度合いが低くなることは間違いない。

さらに、興味深いことが見えてきた。それは、家族というつながりではなく他人であっても、人がいると幸せを感じられることだ。家族形態が一人の場合でも、いつも一人で暮らしている場合と、「スタッフ、研修生、下宿人」などと日中接していたり一緒に暮らしている場合とでは、幸せ度が異なるのである（図23）。前者（三〇人）の点数は七・一四点、後者（七人）の点数は八・六〇点。一・五点近くの差が生じている。そして、前者では五点以下の回答者が三割もいた。

やはり人間というのは、ほかの人とのつながりで、幸せを感じる気持ちが高まっていくのだ。昔のイギリスの詩人[8]は「No man is an island」と語ったという。「人間は一つの島ではない」、つまり、人間は一人では生きていけない、ということだろう。

なお、三世代と四世代が、二世代または夫婦より幸せ度が低いのはなぜかと考えれば、親、祖父母の世話や介護に加えて、家族が多いと一緒にいることで助かる反面、家族間のプレッシャーが生じるためではないかと想像する。

子どもの数による幸せ度

ホスト家族に子どもが多いことには、以前から気がついていた。そして今回の調査で、三人以上の子どもがいるケースが少なくないことが判明した（図24）。都会ではあまり見かけなくなった四人以上が二七家族もあり、全体の一割にあたる。

都会では、土のある遊び場を探してアスファルトの道を数分か十数分かけて、もしかしたら車に乗って、ようやく広い公園へ行く場合もある。一方、農家は家のまわりにどこでも土があり、それが遊び場になる。

図24 WWOOFジャパン登録ホストの子どもの人数

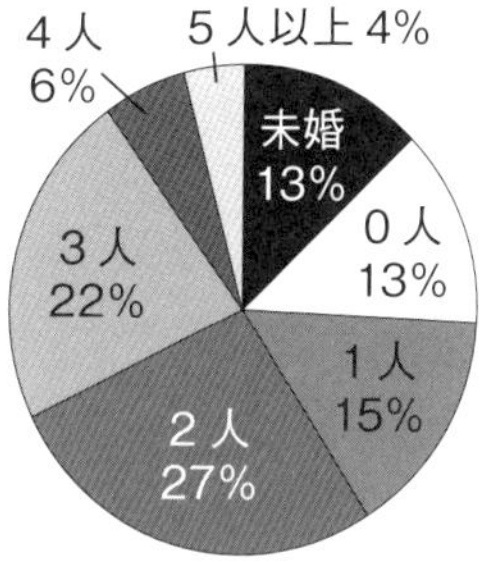

（注）2014年調査。回答数272人。

広々とした空間は子どもにとって最高だろう。また、大半は両親が居住地かその周辺で仕事しているので、いずれも子どもの面倒を見ることができる。

もちろん、子どもを産まないという生き方を選択する人もいる。産みたいと望んでも妊娠や出産に至らない場合もある（一般社団法人日本生殖医学会によると、不妊症の比率は平均で約九％）。家族の形はさまざまだが、子どもの存在は幸せにつながっているのだろうか？

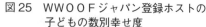

子どもの有無と幸せ度の関連を調べてみたところ、予想をあっさりくつがえされた。実は、子どもがいれば幸せ度が増すだろうと推測していたのだが、実際にはそれほど違いがなかったのだ（図25）。子どもがいないホストの幸せ度は八・一七点、子どもが三人いるホストの幸せ度は八・〇八点という結果で、子どもがいないほうが幸せ度は高いくらいだ。子どもが幸せをもたらしているわけではない。

図25　WWOOFジャパン登録ホストの子どもの数別幸せ度

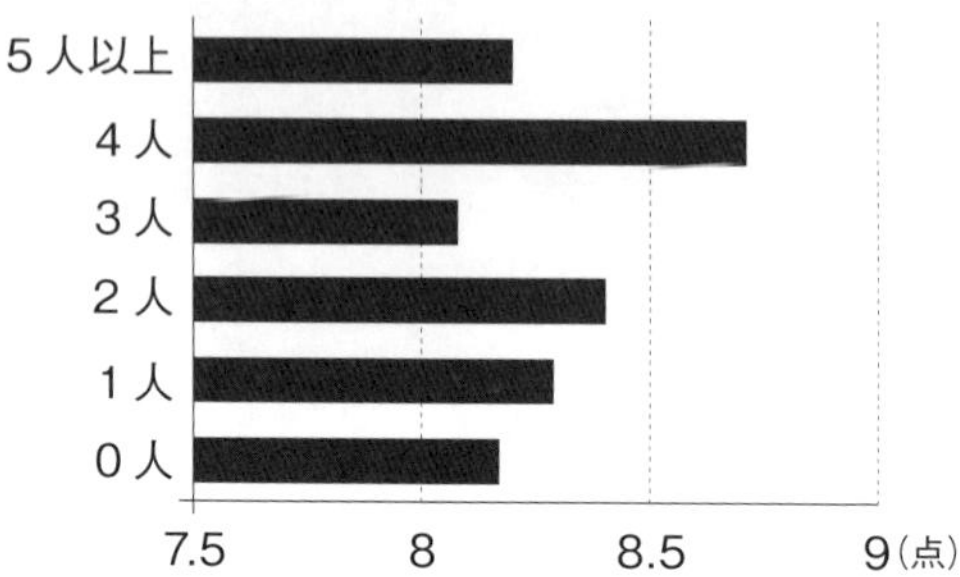

（注）2014年調査。回答数266人。

よく考えると、これは当然の結果なのかもしれない。私には三〇代後半で産んだ子どもが一人いるが、もしも、子どもがいる暮らしを望んでいたにもかかわらず妊娠できなかったとしたら、しばらくは重い失意の日々を送るにちがいないけれど、のちにそれを受けとめ、別の幸せな暮らし方を選んでいっただろう。そう区切りをつけないと前に歩いていけない。ほかの人たちも同様ではないかと思う。

子どもが四人いるホストの幸せ度が、八・七一点ともっとも高いが、この理由については解明できていない。子どもの数が多いと幸せ度が増すわけではなく、五人以上とゼロの場合はほぼ同じだった（八・二〇点と八・一七点）。

図26　WWOOFジャパン登録ホストの農業への関わり

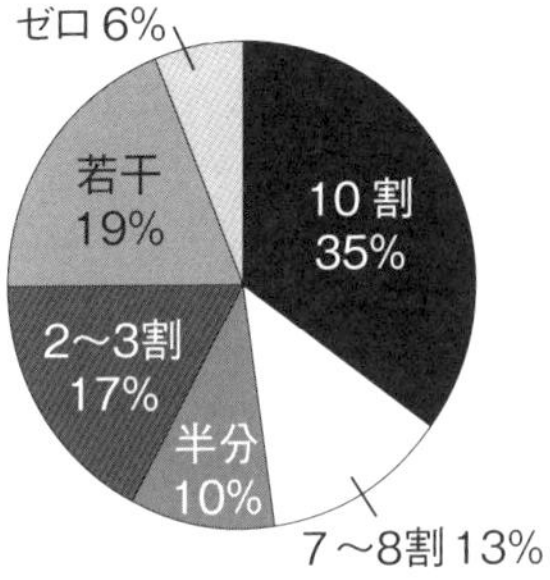

（注）2014年調査。回答数271人。

農業への関わり方の違いによる幸せ度

一〇〇％農業に携わっているホスト以外に、農家民宿、農家レストラン、自然体験学校などを運営しているため農業への関わりが少なかったり、ときには農業に従事していない場合もある（図26）。農業への関わり方の違いで幸せ度に差があるかを調べてみた。この結果も興味深い。

図27を見ていただきたい。農業一〇〇％の幸せ度が

図27　WWOOFジャパン登録ホストの農業への関わり度合い別幸せ度

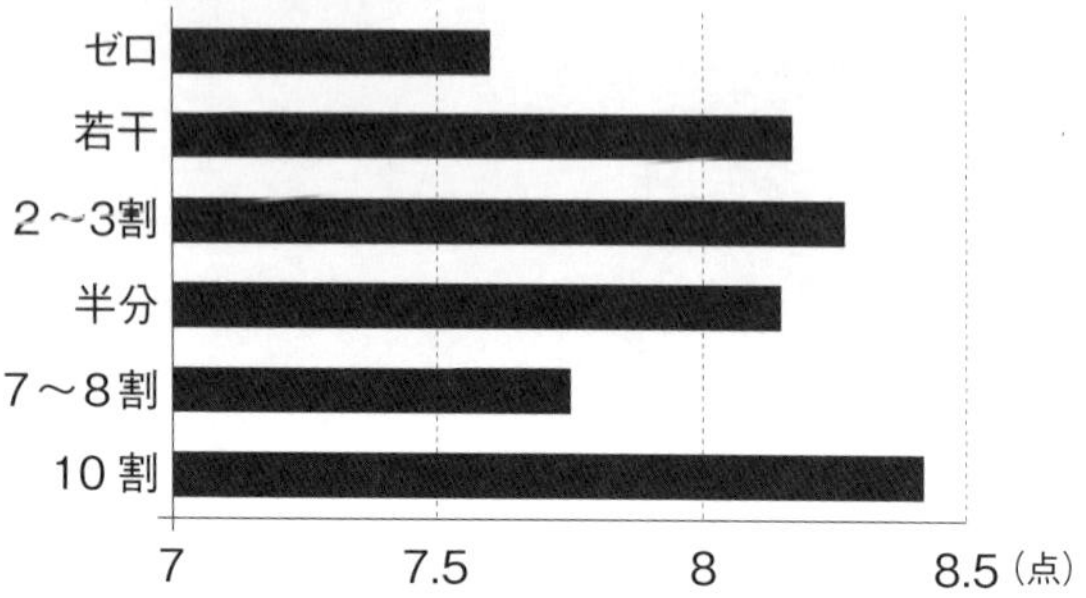

(注) 2014年調査。回答数265人。

一番高く、八・四二点である。農作物を育てていないホストの幸せ度は一番低く、七・六〇点だった。

農業が七〜八割のホストの幸せ度は七・七五点で、半分(八・一五点)や二〜三割(八・二七点)、若干(八・一七点)のホストより低い。これは、完全に農業に従事していきたいが、経済的理由などで農業以外の仕事もせざるをえないというジレンマから発生しているのではないかと考える。自己の理想にまだ到達していないから、相対的に低くなるのだろう。逆に、農業の比重が半分以下の人たちは、最初からその程度を計画したうえで暮らしているため、葛藤が少ないのだろう。

農の仕事とは、土に触り、季節や天候の具合を見て作物を成長させ、家畜の世話をし、自然とともに暮らしていく。おひさまの光をぽかぽか背中に浴びながら、土をいじって作業し、生き物の成長を身近に見ていく。これは、シンプルに心が軽やかになるものだ。

図28　WWOOFジャパン登録ホストの老後の見通し別幸せ度

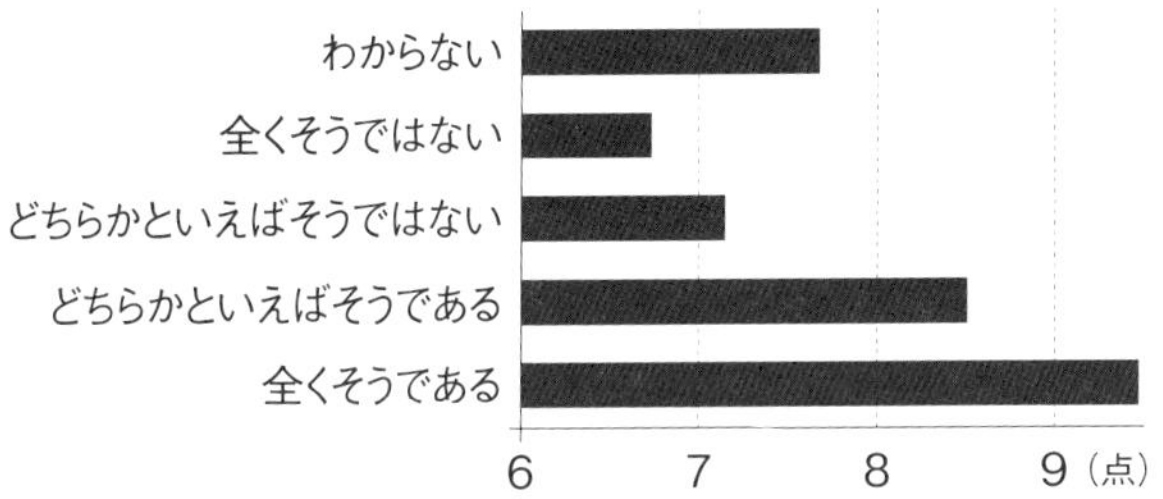

（注）2014年調査。回答数260人。

最近、園芸療法が広がっている。高齢者や心身に障がいのある人たちへ、安らぎや快感、活力、生気を与え、人と人とを近づけ、交流の場を生み出すからだ。植物の世話や土いじりは、一般の人たちや、もちろん農家自身にも効用があるはずで、それがこうした結果に表れているのかもしれない。

老後は明るい？

ホストは老後についてどう感じているのか。ずばり、幸せ度とみごとに相関性があった（図28）。自分の老後に明るい見通しを持つ（全くそうである）ホストの幸せ度が一番高く（九・四七点）、全く明るい見通しはないホスト（全くそうではない）の幸せ度が一番低い（六・七三点）のだ。

そして、内閣府の国民生活選好度調査結果との差は著しい。図29と図30を見比べてほしい。老後に明るい見通しをもっているかについて「全くそうである」「どちらかといえばそうである」のいずれかに回答したホストは五七％（一八

図29　WWOOFジャパン登録ホストが老後に明るい見通しを持っているか

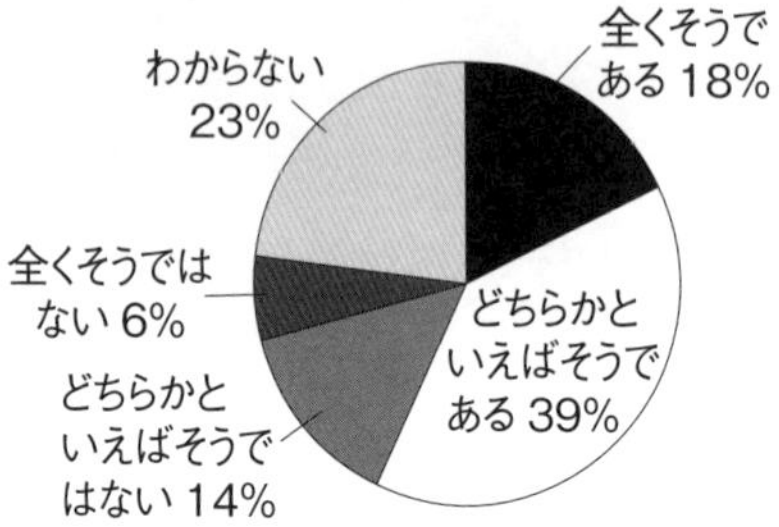

（注）2014 年調査。回答数 266 人。

図30　国民が老後に明るい見通しを持っているか

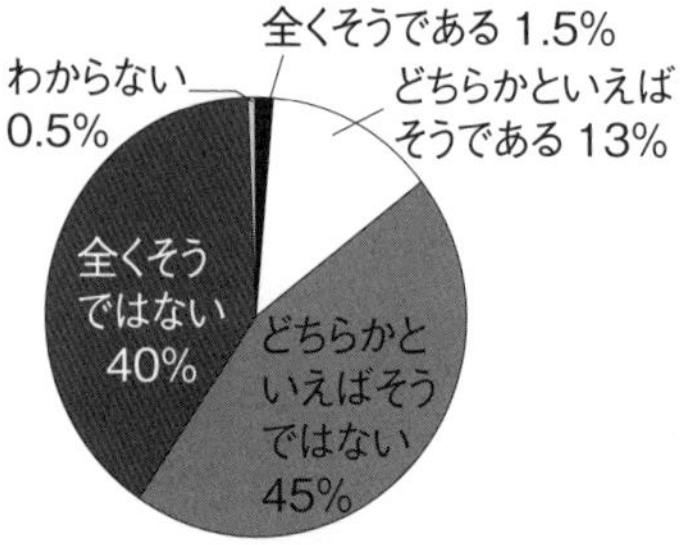

（出典）「平成 23 年度内閣府国民生活選好度調査結果」より筆者作成。回答数 2,802 人中 2,787 人。

％＋三九％）と、半分を超える。ところが、内閣府調査では、驚くなかれ、わずか一四・五％（一・五％＋一三％）しかいないのだ。

なぜ、ホストは、将来に不安をあまり感じていないのか？ これは農業に関わっていることと関連があると考えられる。自分で農作物を作っているので、物騒なことがあったとしても、とりあえず食べ物を口にできる。餓死はしないという明確な、本能的な安心感が深いところに存在しているからではないだろうか。生きることが担保されているのだ。

三　ホストが幸せを感じる理由

幸せについてホストたちが考えた

ウーファーもホストたちが幸せであることに気がつくようだ。以前、日本人女性ウーファーから、こんな感想をもらったことがある。

「私は二五歳のフリーターで、ＷＷＯＯＦは二年目です。先日、勤めていた工場をいったん辞め、日本全国ＷＷＯＯＦの旅に出ています。今までに、京都、山梨、愛知のホストへ行きました。どのホストも本当に素敵で、貴重な体験をたくさんさせていただき、心から感謝しています。

私にとって、ＷＷＯＯＦは幸せを見つける旅です。今までいろんな地を旅してきて、いろんな人たちに出会い、いろんな幸せの形を見てきました。旅をするとき、いつも気になるのは、幸せな人たちに共通するものって何だろう、幸せの秘訣って何だろう、ってことです。

最近なんとなく思っていることは、感謝できる人は間違いなく幸せな人だ、ということです。三度三度の食事に、人との出会いに、健康な体に。大地の恵みに、太陽に、雨に……。感謝できることが多ければ多いほど、その人は幸せを感じられるはずです。収入が多いとか少ないとか、社会的な地位が高いとか低いとか、そういうのは本当に関係なくて、ただその人がどれだけ今の自分に満足して生きているかだと思います。世間の評価に関係なく、やりたいことをやっている人はみんな輝いています。私はそんな素敵な人たちをたくさん見てきました。WWOOFのホストには、とくにそういう幸せな人が多いように思います」

WWOOFホストは、豊かな自然の中で、動植物を育て、土に触れ、生きる基本である食を大切にしながら、農村地区の共同体のメンバーとして暮らす。同時に、都会の人と変わらずにインターネットを利用して外とのつながりを持ち、日本各地や世界各国のウーファーと直に接していく。政治学者の丸山真男の言う「ダイメンジョン」――人をつなぐ次元の異なった様相だ。ホストは独自に、さまざまな人や地域や集まりと多面的に接している、と言えるのではないか。

だから、多様で、たくさんのコップを持っている。何個かに「満足」がまったく入っていなくても、ほかの多くのコップの中には「満足」がある程度入っているので、全体的に幸せに感じられるのではないか。「幸せ」と「満足」の違いで述べた〈(すべてに)満足ではないが幸せ〉という状況に比較的、近いのかもしれない。

今回、ホストたち本人に、なぜ幸せに感じているのかを考え、書いてもらった。その回答を、誤字やわかりづらい部分を修正し、字句を統一したうえで、そのまま紹介したい。ホストの実際の声から、より具体的に幸せに関する考え方や気持ちが感じられると思う。たくさんの回答のうち一部しか紹介できないが、ホストたちの回答を大きく六つの理由に分けることができた。

ウーファーという旅人から幸せをもらっているから

ＷＷＯＯＦホストを始めて、日本中そして世界中の人たちと知り合えることで幸せな気分が高まっているという回答の数が多くて、驚いた。外部から刺激のある風を運んでくる旅人がもたらす影響は大きいようだ。

一一五ページで紹介した女性ウーファーは、ホストが幸せであると感じた。そんなホストに接し、幸せを伝播されたことだろう。ウーファーはホストから幸せをもらい、ホストもウーファーから幸せをもらう。こうして幸せは循環するのかもしれない。旅をすることは、「私が楽しいから、私が勉強できるから」というような自分だけのものではなく、まわりの人たちも幸せにしていくのだ。それが積み重なれば、社会全体をより暮らしやすいものにしようと引っ張るエンジンになるのではないだろうか。

「ウーファーさんと生活すると、閉鎖的な世界から視野が広がり、楽しく仕事ができます。ウーファーさんが去るときに、『良い思い出になった。楽しかった、また来たい。今度は自分の国に遊びに来てね、案内するから』などと言われたときは、うれしいです。こんなウーファーさんと出会ったとき、本当に幸せだ！と思います。人とのつながりを実感できることがとても幸せです」

「ウーファーさんと向き合い、話し、一緒に暮らし、働いていると、幸せとはお金とは関係のないところにたくさんあるのだとウーファーさんから教えられているのかもしれない、とちょっと思いました」

「ＷＷＯＯＦは、人との出会いです。出会いは、新しいものを必ず生みます。もちろん、ネガティブなものもときにはあります。しかし、ＷＷＯＯＦは国際的であるため、そのバリエーションが他の出会いと比べて多く、ポジティブだと思います。その可能性に、ホストは意識の有無にかかわらず幸福を感じるのではないでしょうか。私たちも今度、アメリカやマレーシアなどのウーファーとの出会いによって、思いがけなく海外に遊びに行くことになりそうです。交流を深めることで思わぬ展開になることもあります」

「私自身としてはウーファーさんたちを家族のように思い、家族のように接しているからかと思います。遠いところに家族が一人増えた気分。現在私たちは四人家族ですが、私は家族が多い中で育ちましたので、人数が多いほうが楽しいというのもあります。また、妻も私も旅行が好きで、子どもたちにもいろいろな価値観、世界観に触れてほしいと思いますが、子育て中の旅行は難しく、村と違った価値観に触れることも難しい状況です。しかし、ウーファーさんたちを受け入れることで自宅に居ながらいろいろな価値観に触れられ、勉強にもなります。現在の生活スタイルを保ちつつ、やりたいことをかなえられているからかと思います」

「自分が信じてやっていることで、多くの人が幸せになる、喜んでくれていると思ったときに、金銭ではもたらされない喜びや幸せが感じられる。私を含め、金銭的余裕のないホストさんも、そう感じているのではないでしょうか。そのうえ、多くの国から来る、いろいろな考えを持って一生懸命行動する若者（年配の方もいらっしゃいますが）とともに生活していくことは、とても刺激も受けるし、実りある喜びを感じるものです。食事などの面で妻には負担をかけることも多いのですが、そのようなマイナス面を補って余りあると思います。このような交流は、一般にはやりたくてもなかなかできないことです。それができることに幸せを感じます。ＷＷＯＯＦに出会えて、ホストになることができて、本当によかったと感じています」

このように、ウーファーの存在がホストの思考を重層的にしているようなのだ。そして、文化と風習が異なる日本各地、世界各国からの老若男女を受け入れることで、自分が持っていた固定観念、ステレオタイプという壁を崩していく。偏ったものの見方を持っていたことをウーファーから教えられる。

政治学者の山口二郎は、ステレオタイプには危険な機能が二つあると言う(『若者のための政治マニュアル』講談社現代新書、二〇〇八年)。

一つは、多様な事物を単純化し、自ら思考せずに理解させてしまうこと。実際、ステレオタイプを持ったままでいるほうが、頭を動かさなくて楽だ。「そうそう」と言っていればよいだけだから。面倒なことを考えたり調べなくてすむから。関東大震災後に、「朝鮮人が井戸に毒を入れた」というデマを信じて虐殺があったのは、外国人は犯罪をする、というステレオタイプによるものであっただろう。「ユダヤ人は守銭奴で、劣性の民族だ」というステレオタイプで生じた第二次世界大戦時の悲劇を考えると、その多大な危険性に大きくうなずける。考えないことは本当に恐い。

もう一つは、他者とそのステレオタイプを共有する結果、自己の所属する集団に同調してしまうことだと言う。山口さんはユダヤ人迫害の例をあげ、ヒトラーが独裁支配を行っていたドイツで、「ユダヤ人にもいい人はいる」と主張し、ナチスドイツの社会で共有していたステレオタイプに異論を唱えると、たちまち異端者になって自らが迫害されるので、平穏な生活を営むために、良心を放棄してもステレオタイプを共有する選択をしてしまうと語る。

本当は違うと思うけど、まわりの空気がそっちの方向に進んでいるので、私もそうする、僕もそうする。こうして無難な流れに従うと、どうなるだろう。大きくなったステレオタイプは利用される。間違った見方が社会の基盤になってしまう。そんな恐ろしい社会にならないために、個々が固定観念を持った見方に陥っていないか、メディアに流されていないか、別の角度からものを見るように試みることが重要だ。

ホストも一般の人と同じように、思い込むこともある。そこへさまざまな考え方を持つウーファーが来て、一緒に作業し、食事をして、生活することで、その思い込みが目から鱗が取れるような感じになる。いつの間にか、心にかぶさっていたベールがスルリとはがれていく。

以前、「うちではA国からの人は原則受け入れません」と言うホストがいた。理由を聞くと、「知り合いがホームステイさせたA国の学生とトラブルがあったと聞いたから」と言う。その後、WWOOF事務局からのお願いを受けとめて考え方を変え、数カ月後にA

国のウーファーを受け入れ、こんな感想を送ってくれた。

「このウーファーは建築技術を持っていて、素晴らしいの一言でした。来年も来たいと言ってくれ、今から楽しみです。最高の人物でした」

ウーファーも素晴らしかったのだろうが、このホストも素晴らしい。ステレオタイプに陥っていたことに気づき、積極的に固定観念を持たない努力をしたからだ。

固定観念は、つくづく怖い。知らないうちにしみ込んできてしまうから。どの国や民族に属しているか、どの言語を使っているか、男か女かその間にいる性か、若いか年を取っているか。そして、経済状況、宗教、政治傾向、風習などさまざまなことによって、思い込みをしがちである。だからこそ、人間は固定観念を持つものなのだということだけは強く認識しておく必要がある。それだけで、他者に対する柔らかな目線が生まれてくる。

ホストはウーファーを受け入れ、一緒に生活していくことで、常識が引っくり返る。それが固まった心をほぐし、徐々に固定観念が薄れ、考え方が複眼性を持つ。こういう心の動きも、喜びと幸せにつながるのだろう。

ホストたちはもともと幸せを受信しやすいから

ウーファーから幸せはもらうだろうが、ホストになる人たちはもともと幸せな人たちだからなのだ、という回答もあった。どうしてなのか見てみよう。

「ホストとして他人を受け入れするには、気持ちや精神の余裕がないとできないと思います。気持ちに余裕がある生活を送っていることは、幸福度を高めることに影響するのではないかと思います。気持ちに余裕があるということは、時間に支配されにくく、自然を感じ、人とのかかわりを楽しめることだと思っています」

「子どもが大きくなると、他の価値観を持ってきます。どうして我が家は古いのか、旅行に行けないのか、お小遣いが少ないのか、新しい洋服をたくさん買ってくれないのか。親が幸せだと信じている生き方が子どもたちにとっても同じとは限らないと感じています。ただし、この生活が嫌いではなさそうなので、ホッとしていますが……。

私は今に満足はしていません。もっと違う生き方、時間の使い方があるのではと模索しています。その点でも、さまざまな価値観を持ったウーファーさんと知り合えるのはとても刺激があります。自分を不幸だと思うより、幸せだと思うほうが明るい気分になれるので、そういう感覚を持った方がホストになるのかもしれないですね」

「ウーファーの受け入れをしようという姿勢を持てるのは、気持ちや住居スペースなど、ある一定の余裕があるからでしょう。また、変化に対応でき、プラスの思考を持った方がホストさんに多い、ということではないかと思います」

「自身の幸せが満たされて初めて他人のためにボランティア的なことをやろうと思う人が多いのではないかと思うので、ウーファーを受け入れするホストをやっている人はそもそも『満たされている人』？　幸せだと思い込むと、本当に幸せがやってくることを体験的に知っているから？　マズロー心理学による、人間の欲求段階の社会的欲求はすでに満たされていて、本当にやりたいこと（自己実現）を追求しているので、人生の満足度が高い？

『一％が支配する社会』から抜け出したところで生活しているから？　遺伝子組み換え食物やフッ素や薬剤や予防接種の成分に含まれている添加物など、健康と心を害するかもしれない物をあまり摂取していないから？　利己の幸せ追求には限りがあるが、利他の幸せ追求には限りがないことを知っているから？　『食』という生活の基本を自分の手で生み出している安心感で？」

もちろん、こうしたホスト登録者たちは、ＷＷＯＯＦホストとしての条件（有機農を実践、オーガニック思考をもつ、偏った思考がない、事務手続きができるなど）に当てはまるか否かの認定審査を通った、という前提はある。

自分が好きなことをしているから

ホストがもともと幸せな人たちであったとすれば、どうしてその幸せを感じられるようになったのだろうか。いろいろな回答があったが、「自分が好きなことをしているから」という答えが目についた。会社員として雇われているのではなく、自分の目標を定め、それに向かって前進していけるからだろうか。単一の仕事ではなく、多くの種類の業務を自ら責任を持ってやっていくと、やりがいを持てるのだろうか。

「会社員だったときと比べると、収入はマイナスであり、年金をすべてつぎ込んでも足りないぐらいで、労働時間は毎日八〜一〇時間、休日なし。非常に悪条件だけど、自分の好きなことができるのは楽しい。毎日が趣味の時間だからでしょう。組織の中にいると、自分の好きなことをするのは難しい。しかし、農業は創意工夫が、し放題。失敗も多いけど、失敗から学べることが多く、前を向いていられる。広い敷地や作業スペースで、いろいろなことに挑戦できる。隣も離れているので、近所迷惑を気にしないですむ」

「私は東京でのサラリーマン生活を経て移住し、今の生活に入りました。経済的には恵まれていませんが、好きなことをできているということ自体が幸せだと思っています。市場経済のもとで生きていくには、どうしてもお金が必要です。でも、お金がすべてではないという価値観を持てる人であれば、好きなこと、望んで入った仕事に誇りと自信を持ち生活できたとすれば、それが幸福に感じると思っています」

「どんなにつらくても、やりたいことがやれているときは幸せです。逆に、そこそこの生活をしていても、やりたいことができていないと、不幸せです。幸福度はやりたいことの達成度かもしれませんね」

「自分の食べ物を自分で作る。お金を稼ぐにしても、お客さんの顔が見えていて、自分でいろいろ考え、工夫する。とくに自営の場合は、仕事全体を取り扱っている。経済的に豊かでない場合には、商売も生活もいろいろ工夫せざるをえない。これらのことが、自分で生きているという充足感をもたらしていると思います。

私もサラリーマン時代は、その反対でした。製品の一部に関わり、お客さんのニーズは推測でしかない。給料は安定しているけど、そこから食べ物や生活に必要なものを買うだけ。システムに乗っかって生きているだけで、もし会社が面倒を見てくれなければ、社会の福祉システムがなければ、生きていけるか自信がない。というか、自分で考え、行動していないな、と感じていた。それを常に意識していたわけではないけれど、ぼんやりとした大きな不安になり、充実感のなさにつながっていたと思う」

「好きなことを仕事としているから。とくに農家は一日八時間以上の体を使った労働になるので、好きでなければ続かない。なかには使命感でやっている人もいるかもしれないけど、そういった人は幸せ度は普通かも」

「お店と宿、塾、農業をしています。暮らしがアートという人がいましたが、私たち自身もこんな暮らしで満足です」

「自分のペースで生きているので、束縛感がないことが幸福度につながっているのではないでしょうか。私はサラリーマン時代、いやな上司がいると人間関係に悩みました。自由業は自分の努力しだいという自己責任が伴い、飼い犬ではなく野良犬的ですが、自分で食を探す幸せにストレスはありません」

「やりがいのある仕事をしているからだと思います。以前ＯＬをしていました。仕事自体はとても好きでしたし、自分に合っていたと今でも思いますし、当時も満足していたと思います。なんせ一六年間も勤めていましたからね。当時の幸福度も高かったと思います。

ただ、いつか来る定年を考えたとき、自分の生活は自分で決めたい、外部からのアクションで終わらせたくないと思ったこと、今の生活には十分満足したから、次の新しい人生を送りたいと思ったこともあって、田舎でのんびり生きていこう！　というステップとなりましたね。自分のやりたいことを始めて、充分満足したら、それをキープできない性格なんでしょうか。今は、老後はアレをやりたい、コレもしてみたいと妄想中です。考え始めるとわくわく&ドキドキが止まらない」

責任の度合いも仕事時間も増加して大変だが、会社のしがらみからはずれ、創意工夫で好きなことを進められる自由がある状態で、心に余裕ができ、WWOOFのホストに登録することができ、そうして幸せの循環が回っていくのだろうか。

家族が理解し合っているから

たしかに、達成感が目に見えて実感できる点は大きいだろう。知らない土地で、少々の資金を元手に、ほとんど無の状態から一つひとつ創造していく。作物や加工品を作り、居場所をつくり、そして結婚し、家族が増えていく。そう、家族。私をしっかりと受けとめてくれる家族がいることは重要だ。家族という存在は自分のよりどころ。

夫婦が別の会社に勤め、どんな仕事をしているのかよくわからない。お互いが会うのは就寝時間以外は一日数時間だけ、へタすると三〇分もないかも。そんな暮らしではない。農業や自営業が主なホストは、毎日ほぼ二四時間一緒。愛し合っているだけの関係ではなく、同じ目標に向かって協力して歩み、困難な壁が立ちはだかると一緒に壁を打ち砕いていく。仕事や人生において、なくてはならない相棒でもある。

「家族で経営する形態が主であること。普通にお勤めしている夫婦だと、あまり一緒に過ごす時間がないし、お互いの仕事内容、交際関係も見えないですが、自営ですと、お互いよくわかるし(わかりすぎて、たまにそれはそれで煮詰まりますが)、目指す人生の方向性も一致しやすいです。仲の良いところが多いように感じます。子どもたちも親の働く姿を見ることができて、家族の結びつきが密です。幸福度の要は、家族仲のよさだと思います」

「自分が信じた道を歩んでいることが大きいと思います。有機農業はマイノリティですから、当然家族の理解がなきゃ始められないので、夫婦・家族間の結びつきが強いというのも特徴ではないでしょうか。協力し合わなければできない仕事がたくさんありますから」

「子育てと、農作業に追われても、たいして金にならず、結局、バイトに頼っている現状ですが、けっこー幸せですよ。これを幸せと言わずして、何を幸せと言うのか。愛する家族がいて、愛されている自信、そこにつきると思います。ホストであろうとなかろうと、幸せを感じる人はどこにいても、そうでしょうねー」

反対に、家族がいても理解し合っていないと、幸せの割合は減るようだ。幸せ度が一〇点にならない理由として、こんな回答があった。

「跡継ぎの嫁との不仲で、幸せでない」

「家族とのすれ違いがある」

「主人と考え方が違いすぎる」

「配偶者が私の活動に理解を示せば、幸せいっぱいになる」

「妻が冷たい」

家族と理解し合っていることは、幸せという漠然としたものの真ん中あたりに存在する大切な項目なのだろう。

自然に近い生活をしているから

雨や風を気にしつつ、太陽の恵みを受け、土に触りながら、虫や動物と共存して生きている実感があるホストたちは、自然の恵みに素直に感謝できる人たちでもある。

「毎日、自然と対峙していて、生きている実感があるからだと思います」

「どうあがいても自然の力には勝つことができない、ということを自然から学んでいるので、たえずちょっとしたことに感謝する気持ちがあり、プラス思考なのだと思います。だから、幸せというより、不幸だと思う気持ちが芽生えないのだと思います」

「土、水、火、風、太陽、月などを目の当たりにしたとき、自分が謙虚に生きること

左はハワイで農業を指導する先生、右はニューヨークに住む中国系デザイナー。樹齢600年の日本の杉が、西と東のウーファーにハグされる（提供：林新吾さん）

を教えられます。この謙虚さが些細なことにも感謝でき、幸福感につながるのだと思います」

農業をしているから、有機農家だから

　そして、その自然が与えてくれるものを工夫して作物を育て上げる農の営みが、幸せの度合いを高めているようだ。とくに有機農の考え方。それはどんなことだろう。

「自給的な有機農家は、所得が低いことが多いので、所得に代わる幸福感を感じ取る能力が自然と身についていくのではないか。身のまわりには、幸福を感じ取れる自然や人間関係や健康があふれているわけだし」

「有機農家のホストの方は、金銭的に余裕のある方は少ないと思っています。幸せと感じるのはお金以外の、家族や仲間や仕事としてのやりがいに対してだと思います。有機農業をしていると、一〇〇％ということや、それ以上を望まなくなります。そうすると相手にも一〇〇％望まなくなります。皆に優しくすることができて、お互いがハッピーになり、幸せを感じるのだと思います」

「都会で会社勤めをしていたころと比較すると、農業は天候には抗えないものの、上司の鶴の一声でクビになることはなく、食べ物はあるし、自分のペースで日々暮らすことができるのが、幸福感につながるのではないでしょうか」

「地球規模の環境問題、エネルギー問題、人口や食料問題などから、将来に不安を感じている人が多い。自分の食料を自給できる農家は、都会の人びとより将来の不安が少ないので、幸福度が高いのではないでしょうか」

「有機農とか自然農は、自分たちのこととか目先のこととか利便性とか考えたらできない。そういうことをしようとする人は、心に余裕があるともいえる。自分以外のものに配慮したり、大事にするっていうことは、幸せを感じるということで、人の本質なんじゃないでしょうか。幸せを感じるっていうのは、自分の軸で生きているときに思えるものなのではないでしょうか。自分以外のまわりの価値観とか観念にとらわれず、自分で決めて、自分の人生を生きる。いいことも悪いこともあるけど、それも含めて自分の人生を生きている、という実感が持てるかどうかにかかっている。

一般の慣行農業をやっている近所の人たちのなかには、農家の嫁は奴隷のようだと言っている人や、農協の仕組みでは大変になるばかりというのを聞きます。一方、自給的な暮らしをすると大きな解放感を味わいます」

「たぶん、自分たちで食べるものを作ることで、世の経済とはちょっと違う場にいること、お金より大切なものがあることを知ったので、のん気になったのかもしれません」

「作物の出来が、幸せを感じさせてくれる要素だと思います。養分と環境を作物の生理に合わせることができれば、生育する姿や葉の形状、輝きなど、収穫を待つまでもなく、いつでもエネルギーを与えてくれます。作物がそろってよくできることは、農家にとって最大の喜びであり、必須です」

「自分を含めて有機農家は自己実現に重きを置く人が多いので、少々金がなくても、自然の中で作物を育むという空間、時間に自分自身が存在できるだけでも、幸せを実感できるのではないでしょうか。ようするにバカなんですよ！」

「既存の農家と有機農家の違いは、人とのつながりの違いのような気がします。専業農家は全量農協出荷で、あまりお客さんと接することがありません。有機農家は、直接お客さん相手で、人の輪ができ、それがどんどんつながって、いろんな出来事に発展していきます。やりがいがあります」

「近代主義や都市文明やグローバリズムのアンチテーゼとして、自給自足や田舎暮らしを始めた人も多いと思います。そういう人びとは、現在の生活に希望を抱いて始めているので、幸福度が高いのは当然と思えます」

以上の回答から、どうしてホストの幸せ度が高いのか、ある程度は理解できたのではないだろうか。

ウーファーという旅人が自分のステレオタイプをはずしてくれ、多様性に気づかせてくれ、幸せをもたらす。もともと幸せを感じやすい人であるかもしれない。自分がやりたいことができている。家族がいて、理解し合っている。自然に近い生活。そして、「有機農」をしているので幸せの度合いが高いと言及している人たちが多かった。

もしかすると、この「有機農」が、幸せを感じられる理由の大きなキーワードになるのかもしれない。次の章では「農」や「有機農」について取り上げてみる。有機農と人の幸せにつながりがあるのか、有機農業の歴史を含めて一緒に見ていこう。

（1）「消極的幸福」について見ても、「消極的」は否定的な意味を含有しており、せっかくの幸せを後ろ向きに発信しているように思えてならない。双方とも、どうも残念に感じる。
（2）http://www5.cao.go.jp/keizai2/koufukudo/pdf/koufukudosian_sankousiryou.pdf
（3）『エコロジカル・フットプリント』（マティース・ワケナゲル／ウィリアム・リース著、和田喜彦監訳、合同出版、二〇〇四年）によると、ある集団が自然に与える負荷の計測法の一つで、その集団が現在のレベルの資源消費と廃棄物排出を維持するために必要な土地面積をエコロジカル・フットプリントと呼ぶという。
（4）ちなみに、中年層も七二％から八六％に上昇している。
（5）テレビドラマ『北の国から'87初恋』のエピソードより。
（6）二〇一〇年度は六・四六点、〇九年度は六・四七点と、ほぼ同じ数字である。
（7）ホスト数四四〇カ所のときの二七五カ所からの回答（幸せ度については二六九人）なので、登録者の六二・五％にあたる。内閣府調査は、日本国民約一億二〇〇〇万人のうち一五〜八〇歳未満の男女から四〇〇〇人を抽出し、そのうち二七九〇人からの回答である。ＷＷＯＯＦホストからの回答は全員のものではないが、かなり正確と言える。
（8）一六世紀のジョン・ダン。アメリカのミュージシャンであるジョン・ボン・ジョヴィもそう歌っていたと、映画『アバウト・ア・ボーイ』（二〇〇二年）で、主演のヒュー・グラントが語っていた。

第4章 農の世界

一　農業という職業

魅力が認識されてきた

日本にはどのくらいの職業があるんだろう。数えきれないほどの職種と職業があるなかで、「農家」は誰でもすんなりと、どのようなことをするのか理解できる職業だ。

実家は農家ではなかったが、私が生まれた町は人より牛の数が多いほど酪農が盛んだった。中学校では、約三五人のクラスのうち三分の一近くが農家だったと記憶している。一年生のとき、担任の先生が唐突にこう尋ねた。

「農家を継ぎたいと思っている人、手を挙げて」

授業中だったのか学級活動のときだったのかは忘れてしまったが、おずおずと、女の子が手を挙げた場面だけは、はっきりと覚えている。シーンとした教室で、明確な意志を示したのは一人だけ。ほかの生徒たちの心の声、（えっ？）が聞こえるようだった。そう、一九七〇年代や八〇年代の農業は、暗く、きつそうで、プラスの雰囲気はあまり持てない職業だったのだ。

だが、それから数十年。今や、逆転するかのごとく「農業？　いい感じだね」とにこやかな相槌が返ってくるのではないか。首都圏や大都市で暮らす人から、憧れを持たれることもある職業になっている。農業や田舎暮らしの本や雑誌が増えた。イメージは、「健康的」「楽しそう」「やりがいがありそう」「自慢できる」「これからの職業」。自ら米や大豆、野菜、果実や茶などを生産し、売り、もちろん自ら食べる。鶏、豚、牛など動物を育てる場合もある。忙しいけれど、会社の規則にとらわれない自由な生き方である。

案外、どんなタイプの人でも始められる職業かもしれない。話しベタな人が営業職につくとかなり苦労するだろうし、体力があり余っている人が八時間座ってお客様相談センターの電話対応をするのも辛い。引っ込み思案の人は黙々と農作業をしていてよいし、交流が好きな人なら、体験学習で生徒や都市生活者を畑に呼んだり、マーケットで直接消費者と会話できる。体力の程度によって経営方針を調整し、営農内容の選択ができる。力のない男性でも、力のある女性でも、若くても年を取っていても、大丈夫。

ただし、農林水産省の統計を見ると、農業就業人口の最大は一九六〇年の一四五四万人で、二〇一四年には二二七万人と、六分の一にまで減った。そして、この数年間も毎年減少している。二〇一二年は前年より八万七〇〇〇人、一三年と一四年は前年より一二万四〇〇〇人減だ（表4）[1]。新規自営農業就農者の数、つまり、学卒後に親の跡を継いで農業に

表4　農業就業人口と新たに農業を始めた人口の推移

（単位：1000人）

年	2008	2009	2010	2011	2012	2013	2014
農業就業人口	2986	2895	2606	2601	2514	2390	2266
新規自営農業就農者	49.6	57.4	44.8	47.1	45.0	40.4	46.3
新規参入者	2.0	1.9	1.7	2.1	3.0	2.9	3.7

（出典）農林水産省「農業労働力に関する統計」より筆者作成。

就いた人たち(2)の数も、アップダウンを繰り返しながらやや減少傾向にあるようだ。

一方で、「新規参入者」について調べてみると、農業人口全体の中で割合は少ないが、人数は増えていた。新規参入者は、新規自営農業就農者とは異なる。農家の息子や娘ではなく、自らの意志で新たに農業に参入した人たちを指す。農林水産省が「新規参入者」という名称で統計に表示するようになったのは、最近のようだ。少し前の時代については丁寧に調べた本があり、それによると、一九九〇年度はわずか六九人しかいなかったようだ（大江正章『農業という仕事』岩波ジュニア新書、二〇〇一年）。一〇年後の二〇〇〇年度でも七九八人だった。

だが、二〇〇八年度には約二〇〇〇人と大幅に上昇し、その後やや減った年もあったが、一二年度は約三〇〇〇人、一四年度は約三七〇〇人へと増加を続けている。農業や農のある暮らし方に関心を持ち、職業として選択する人たちは、確実に増えている。

農業の特殊性とは

ネット版『13歳のハローワーク公式サイト』は、農業についてわかりやすく記載していた。

「最近は会社をやめて新規農業者になる人も増え始め、人気の業種となりつつあるが、それなりの覚悟と計画性がなくては成功するのはむずかしい。独立して農業経営者になるには、土地・労働力・資本が必要である。自分がどのような農業をしたいのかがはっきりしていなければ、経営はできないと考えたほうがいい。また地域社会に関わることが多いので、その土地の慣習を理解し参加しようという意識がなくてはならない（後略）」

覚悟せよ、生半可ではできないぞ、と警告しているようだ。たしかに農業は、未経験者がすぐに開始できる職業ではない。ある程度の経験が求められる。でも、パティシエ職人だったり、弁護士だったり、スノーボードインストラクターだったり、技能や知識を身につけないとできない職業はたくさんある。土地・労働力・資本がなければできないのは、陶芸工房、アウトドアショップ、カフェなどでもほぼ同じだ。

「農家」という言葉が生きているように、農業は妻（あるいは夫）、そして親も一緒になって取り組むことが少なくない。子どももたいてい何らかの手伝いをする。でも、これもほかの自営業でも同様な場合が多い。飲食店の子どもは食器洗いをしたり、テーブル拭きを手伝う。美容院の子どもはタオルを洗ったり、ネットで流行りの髪型を検索して親にアドバイスするかもしれない。小売店の子どもは、ポスターを書いたり、店の棚にハタキをかけたり、大きくなるとスカートの裾をまつったりというお手伝い(3)をしただろう。

しかし、農業には大きな特色がある。農業経営に欠かせないもののうちの「土地」、店舗よりも広大な土地が必要であることはもちろんだが、「とち」というより、「つち」を利用する仕事であることだ。土の持つエネルギーを使う。そして、種を播き、苗を作り、作物を育て、収穫する。樹を育て、剪定し、実を大きくして収穫する。家畜の世話をし、大事に育て、命をいただく。

それは自然とともに暮らすということだ。土地によって地形が変わり、気候も異なる。太陽や自然の恵みに感謝し、健康な土をつくり、自然から分けてもらう気持ちで一緒に生きていく。予想を超えるほどの台風、突然の春の雪、強風などの災害が生じると、いくら努力しても結果が報われないときがある。だが、そんなときでも、季節は巡り、毎年新たな気持ちで前へ進む。

丹精こめた作物や加工品を人間が食べる。食べることは生きることであり、そんな大切なものを作る使命感に満ちている。生きているかぎり人間は食べるから、農作物の需要は決してなくならない。この地球で人間が生き続けられるかぎり、永遠に続けられる仕事なのだ。

総務省統計局の『労働力調査』によると、日本の全人口約一億二〇〇〇万人中、就業者数は六三二二万人だ（二〇一五年二月）。そのうち農業就業人口[4]は二二六万人だから、三・五七％になる。外国からの輸入品と魚貝類などを除き、人の生きるエネルギーをつくる大切な食を生み出しているのは、この三・五七％の人たちと言えるだろう。

ちなみに、日本の公務員数は先進国の中で少ないと言われているが、人事院の『国家公務員の数と種類』（二〇一三年）によると国家公務員約六四万人、地方公務員約二七七万人の合計約三四一万人（就業者の五・三九％）で、農業就業人口は公務員数より一〇〇万人以上少ない。

なお、ここまで「農業」と述べてきたが、「農」と呼ぶ場合も多々ある。「農業」というと、建設業、金融業、サービス業などのように、一般的には産業としての位置づけになる。市場経済の仕組みの中で、所得を生み出していく仕事だ。他方、「農」には、所得を得るだけでなく、農村で、自然と共存しながら作物を育てていく暮らし方、というイメージが入る。どのように生きていくか、という哲学的なことも包含されている。こうした「農」を含んでいるところも、農業とほかの職業との違いだろう。

二　有機農業と有機農的生き方

有機農業と慣行農業

ＷＷＯＯＦのホストたちの多くは有機農家だ。農薬や化学肥料を使わず、堆肥を入れて土づくりをする農業を、一般的に有機農業と呼ぶ。体に悪い薬剤を使わないので、気持ちよく働ける。太陽からの力強いエネルギー、恵みの雨、さわやかな風、そんな自然の中で、のびのびと農作業にいそしむ。

有機農家の多くは、大規模農家のように一種類や数種類だけではなく、多くの品目を育て、それぞれの成長を楽しみつつ作業する。食卓の自給率(5)は高い。味噌、梅干し、干し椎茸、切り干し大根、漬け物、パン、ジュース、プリン、ジャム、蜂蜜などさまざまに加工し、製品として販売する人も少なくない。

一般的な農業は、慣行農業と呼ばれる。「慣行」の意味は「以前からの習わしとして通常行われること」(『岩波国語辞典(第四版)』岩波書店、一九八九年)なので、平安時代などから延々と続く伝統的な農業と勘違いしそうになるが、そうではない。慣行農業は農薬や化学肥料を使用する、現在主流の近代農業を意味するのだ。命名者の意図はどんなところにあったのだろう。

英語では conventional farming と言い、「従来の、伝統的な、型にはまった」という意味を持つ。有機農法が出現してきた際に、危機感を持った外国の化学メーカーが農薬の使用が普通であると思わせるために conventional の名称をつけ、それを日本でも追従した……。推測だけれど、そう思わないとなんだか合点がいかない感じだ。「化学農業」だと消費者への印象が悪いと考えたからなのかもしれない。

農薬は、欧州やアメリカでは一九三〇年代から開発が始まった。日本では、第二次世界大戦後で、化学農薬の歴史はわずか七〇年にすぎない。農薬製造業者が中心となって組織している任意団体である農薬工業会のウェブサイトでは、次のように説明している。

「終戦後の悲惨な食料不足を克服するのに、農薬は肥料とともに大きな役割を果たしました。その後も、新しい薬剤が次々に導入され、農薬は食料の安定生産や農作業の省力化に大きな役割を果たしました」

近代農業のアンチテーゼとしての有機農業

収量が増加するので、当初はプラス面しか見えなかったが、やがて農薬使用に伴う事故や被害が発生していく。急速に高度成長が進み、その弊害として公害が各地で発生し、大きな問題となったのが一九六〇年代だ。農薬による農業者の死亡事故も多発した。そして一九七四年、有吉佐和子の『複合汚染』が朝日新聞に連載される（新潮文庫、一九七九年）。農薬の使用量は微量であり、安全が保障されているというが、種類は数多い。また、排気ガスで汚染された空気や食品添加物などが組み合わさり、それらの物質が単純に足し算となるのではなく、掛け算になって影響する恐れを指摘した。

そのころ、「有機農業」という言葉が生まれた。有機農業というのは、化学肥料も農薬もなかった数百年前の農業かというと、それは違う。昔は、有機農業という言葉自体なく、慣行農業である近代農業に対する反発や環境問題が深刻化し、一九七一年につくられた言葉なのだ。

その一九七一年、一楽照雄が日本有機農業研究会を発足させた。一楽さんは一九〇六（明治三九）年生まれ。東京帝国大学農学部卒で、農林中央金庫理事、全国農業協同組合中央会常務理事を歴任した。『暗夜に種を播く如く』（編集委員長榊春夫、農山漁村文化協会、二〇〇九年）によると、一九六〇年代後半にＰＣＰという農薬の被害を受けた有明海の貝の問題に対応したことが、一楽さんの方向転換となったそうだ。

だが、周囲に農薬を使わない農家はおらず、「これではいけない、無農薬で作らなければならないのではないかと感じた」と言う。そして、「近代化農法の反省と今後の農業」というセミナーに、農薬を使わずに農作物を生産している農家と医師を呼んだことが、日本有機農業研究会の発足につながっていく。

名称の決定にあたっては、いろいろ悩んだようだ。ここで、中学校の歴史の教科書に出てくる著名な田中正造と、のちの雪印乳業の設立に関わった黒澤西蔵《とりぞう》に触れなければならない。少し回り道になるが、彼らの時代に遡ってみよう。

栃木県で生まれた正造は、「予は下野《しもつけ》の百姓なり」を信条とし、農業へのこだわりを誇りとしていた。足尾銅山の鉱毒問題に向き合い、国土と農民救済のために、身命をなげうって奔走した人物である。失敗に終わったが、代議士の職を辞して、天皇へ直訴する。この決死の行動に大きく感化されたのが、当時一七歳の西蔵だった。

正造は西蔵の突然の来訪を嫌がらず、「よく来ましたね。どうぞお上がりください」と歓迎し、自らのもとで活動することを許可し、学校にも通わせた。だが、西蔵は母の急死に直面し、卒業後は弟と妹の養育のために北海道行きを決意。近代酪農家の牧夫となる。

西蔵は正造の「国土の尊厳を犯すものは必ず滅びる」という鉱毒民救済の根本にあった思想を胸に刻んだ。そして、「国民福祉を向上させるために興した産業が、平気で国土の尊厳を傷つけるようなことがあっては、本末転倒であり、冷害も公害も人間がつくり出したものである」と語り、土地が健康であれば母体の生む万物も健康になると、「健土健民」の生き方を説く（『酪農学園の創立　黒澤酉蔵と建学の精神』酪農学園大学、二〇一一年）。

さらに、正造が好んだと言われる中国の詩人・文天祥の漢詩『正気歌』の冒頭にある「天地有正気（天地正気有り）」の言葉を、自分の営農思想とする。こうして、「天地有機（天地機有り）」と銘じ、農業は、天と地、人の合作であり、地力の増進を基本とした「循環農法」であるべきだと確信したという（舘野廣幸「有機農家からみた日本の有機農業と関係する思想家たち」『社会科学論集』第一三六号、二〇一二年六月）。

あるべき形の農業の名称について考えていた一楽さんが黒澤酉蔵を訪ねたとき、この「天地有機」の言葉が目にとまり、近代農業ではない農業を「有機」農業と命名したのだ。

海外の有機農業の提唱者たち

organicという言葉を農法において使用した最初の人物は、イギリスの農学者ウォルター・ノースボーン卿だ。一九四〇年に出版した"*Look to the Land*"で、organic versus chemical farming（オーガニック対化学農法）として取り上げた。農場は生態的に完全でなくてはならず、均衡のとれたオーガニック的な生活を営むユニットであるべきで、輸入肥料に頼るのでは全体的にオーガニックとはならない、などと述べている（John Paull, "The Farm as Organism: The Foundational Idea of Organic Agriculture", *Journal of Bio-Dynamics Tasmania*, #83, 2006, pp.14-18.)。

有機農業の父と呼ばれているのは、イギリス人のアルバート・ハワードである。有畜複合農家に生まれたハワードは、大学で物理、機械、化学、地質学を学ぶ。その後、一九〇五年にイギリスの植民地であったインドに赴任し、有機廃棄物を完全に利用できる処理法を編み出していく。これは、西洋の近代化学と中国や日本の伝統方式を組み合わせた方法だ。

一九三一年に帰国後は、インドでの成果を世界に広める活動を始めた。国内では農業試験場と化学肥料メーカーの反対が強かったが、徐々に農民の支持が増えていったという（アルバート・ハワード著、保田茂監訳『農業聖典』コモンズ、二〇〇三年）。一九四〇年には“*An Agricultural Testament*”が発行された（日本語訳『農業聖典』）。そこで、ハワードは、こう述べている。

「実際的かつ永続的で、農産物市場を除くあらゆるものと独立した国家の資本は、土壌である。この大切な財産を有効活用し、保護するためには、肥沃度の維持がきわめて重要である。／化学肥料によって徐々に土壌が汚染されつつあることは、農業と人類にふりかかった最大の災害の一つである」

そして、土壌に含まれる腐植の効果や堆肥について詳細な見解を示す章の結びでは、土と健康との関連性に言及する。(6)

「いつか私たちの食料が肥沃な土から育てられ、供給され、新鮮な状態で消費されるようになれば、少なくとも人類の病気の半分がこの世から姿を消すであろう」

『農業聖典』を読んで感銘を受け、早速農場を購入して有機農法を実行した人物がアメリカのJ・I・ロデイルだ。彼は電気器具製造会社を経営していたが、あふれる行動力があったようで、本を読んで五年後の一九四五年に早くも、有機農法についての書籍"*Pay Dirt*"(7)を発行した。その序文でハワードは「もっともうれしく感じたのは、ロデイル氏が最高に貴重な品性―それなくして進歩はありえない豪胆―を持っておられることを発見したことである」とほめている。

七〇代になったハワードは、バイタリティあふれる四〇代のロデイルに会い、大いに安心したことだろう。国籍は異なるけれど、有機農法を広げる伝達者にバトンをうまく渡せたからである。行動的なロデイルは、月刊誌を創刊して有機農法を一般に広め、アメリカにオーガニック食品を扱う店を増やしていく。

ハワードが活動した時期、女性も登場している。父が政治家であり、伯父がイギリス首相を務めた家柄を持つレディ・イヴ・バルフォアだ。彼女は大学で農業を学び、一九二〇年から農業を始める。やがて従来の農法に批判的となり、ハワードに影響を受けて有機農法に興味を抱く。一九四三年には *"The Living Soil"* を出版し、オーガニックムーブメントのテキストとして用いられ、九版まで発行された。のちにイギリス土壌協会の設立に関わり、初代会長を務める(http://thebertonandeastbridge.onesuffolk.net)。

そして女性といえば、有機農業を語るうえで忘れてはならない人物がいる。レイチェル・カーソンだ。アメリカのペンシルベニア女子大学で動物学を専攻し、商務省漁業水産局や内務省魚類・野生生物局で野生生物とその保護について情報収集した生物学者である。ミツバチの音もせず、コマドリやハトの鳴き声も聞こえず、農家の鶏が卵を産んでも雛は孵らず、春が来ても自然は沈黙している。それは化学物質が原因であると、一九六二年に発表した『沈黙の春』(青樹簗一訳、新潮文庫、一九七四年)で、全世界に向けて環境問題を警告した。有吉佐和子も非常に影響を受けている。

シュタイナー教育で知られるルードルフ・シュタイナーも、有機農業という名称こそ使っていないが、化学肥料を利用しない農法の理論を構築していた。一九二四年に人智学徒たちからの依頼で農業について講演し、のちバイオ・ダイナミック農法として広まっていく(藤原辰史『ナチス・ドイツの有機農業』柏書房、二〇〇五年)。

オーガニック化粧品の購入者であれば、ジュリーク(オーストラリア)やヴェレダ(スイス）という化粧品メーカーを知っている人は、少なくないだろう。ヴェレダのウェブサイトでは、自社製品はバイオ・ダイナミック農法で育てた植物を使っていると説明している。「天体（太陽、月、星）の運行リズムに照らしあわせて、種まきや収穫の最良のタイミングを決定」していく栽培法である。

植物、鉱物や牛糞などを混ぜた調合剤を撒き、宇宙のリズムに合わせて栽培する、神秘的で、一風変わった雰囲気を醸し出す農法だ。月の満ち欠けや満潮・干潮、地球の引力、夜間の明るさなどの科学的根拠の分析をもとに種播きや害虫防除をすることは、迷信とは言えないだろう。地球は宇宙の一部であり、天体の流れに沿った方法は理にかなっているかもしれない。

自然農ってなんだ？

有機農法とは別に、自然農法がある。昔オーストラリアの農場に行ったとき、唐突に「フクオカってわかる？」と聞かれた。なぜ、ここで「福岡」という地名が出るのかとまどっていると、自然農法を提唱した福岡正信のことだと補足してくれた。私はそのとき福岡さんを知らず、帰国後すぐに『わら一本の革命』（春秋社、一九八三年）を読んだ。

福岡正信（一九一三〜二〇〇八）は、自然農法の祖の一人である。今では有機農や自然農に興味を持つ人ならたいてい知っているが、一九八〇年代までは日本ではあまり著名ではなかった。しかし、外国の有機農の一部の活動家たちにはよく知られた存在だったようだ。『わら一本の革命』は一九七五年に出版され、アメリカでは三年後に、英訳がロデール社(ロデイルが関わっている)から発行された。

「小さなところで田畑を耕して、そして、その日その日の最大の、余裕のある時間というものを獲得するような農業っていうのが、むしろ、理想の農業」

「科学農法の次元からはなれた東洋哲学の立場、あるいは東洋の思想、宗教というものの立場からみた農法を確立しようとしている」

「自然農法というものは、人間のあらゆるものを包括したところの、原点の農法である」

こうした福岡さんの思考は欧米にはなく、有機農家たちを刺激したのだろう。

自然農法の提唱者には岡田茂吉(一八八二～一九五五)もいる。三人の子どもと妻を亡くし、経済恐慌や関東大震災によって事業に大打撃を受けるという人生の中で世界の成り立ちに関心を持ち、独自の思想・宗教観をつくりあげる。そして、健康法の普及につとめ、自然農法の基本的な考え方に言及していく(MOAインターナショナルのウェブサイト)。なお、ハワードとロデイルの関係のように、岡田さんの農法に刺激を受けて福岡さんが引き継いだということではない。

有機農法と自然農法の違い

自然農法の実践者には、自分たちは「有機農法」をしているのではない、と考える人たちが多い。福岡さんも同様である。一四七ページで紹介した、日本有機農業研究会創立のきっかけとなったセミナーの講師でもあった彼は、一楽さんに「有機農法」という言葉がちょっと気に入らない、と述べたという。

「今のままでは昔の有畜農業、堆肥農業に帰るだけだから、かつて来た道にすぎず、これでは真の自然を回復することに役立たないばかりではなくて、自然破壊に肩をかすことになってしまいます。もちろん有機農法は、ブレーキ役は務めているけれど、ブレーキと破壊する車輪とが一緒になって走り回るから、結果的には科学農法の一翼を荷うことになり、ブレーキがブレーキにならず、なお危険だということです」(『自然に還る』春秋社、一九九三年)

では、福岡さんの自然農法と一般の有機農法の違いは何か。簡単に言うと、耕すかどうか、堆肥を大量に使うかどうかだ。自然農法は、山林の土のように自然のままにしておく農法で、わらを敷き、チップ屑を撒く程度で、農家の労力をなるべく少なくする。福岡さんは自然農法の四大原則として、不耕起、無肥料(8)、無農薬、無除草をあげている。

「何もしないのが最高の農法である。自然が本来もつ力だけで作物を育てるのだ。いかにしたら昼寝が多くできるか。食って寝ていくことができればいい。科学は無能、人間が自然から離れるほど難しくなっていく。人間の知恵を否定、科学を否定し、文明を否定したら、残るのは自然農法」(「あの人に会いたい」NHK、二〇一一年五月一四日放送)

また、岡田さんは「有機農法」という言葉ができる前に死去しているが、彼が提唱した理念によって運営される一般社団法人MOA自然農法文化事業団のウェブサイトでは、実践しているのは落ち葉や草を材料とした自然堆肥の活用を奨励した自然農法であり、「有機農法とは異なります」と明言している。

とはいえ、化学肥料も農薬も使わない自然農法は慣行農法に対峙する農法であるというのが一般的な認識である。有機農法の一つと捉えられて仕方がないだろう。

自然農法は、福岡さんと岡田さんというカリスマ的ないしアイコンのような二人の流れを組みつつ、ときには批判しながら、複数の指導者が登場し、本を出版したりセミナーを開いたりしている。他方、有機農法については、著名な農家たちはいるが[9]、カリスマ的な人物はいないようだ。強いていえば一楽さんであろうが、彼は農業者ではない。

思想家とも言える福岡さんや宗教の教祖である岡田さんのような人物は、好むか好まないかによって評価が分かれ、好む側にとっては師となるはずだ。だが、有機農の場合は通常、一つの思想に凝り固まるのではなく、近代農業へのアンチテーゼ、環境の大切さから出発している。目と耳を大きくし、ほかの有機農家を訪ね、比較したり勉強したりしながら、自分が利用する土地と気候風土に合わせて独自の有機農法を営んでいる。だから、特定の人物が核になるということがないのだろう。

有機農業の普及度

スーパーの「有機農産物」や「オーガニック食品」コーナーの設置、安全な食べ物を販売する店舗や団体などの戸別配送などで、有機農産物は以前より手に入りやすくなった。二〇〇六年には有機農業推進法も制定された。では、有機農業はどのくらい普及しているのだろうか。

第2章で見たように、農業を営むWWOOFホストにおける完全有機農の割合が四七%だから、日本全体なら五%程度かなあと推測する人がいるかもしれない。しかし、実際には驚くほど少なく、有機JASの認定農家はわずか〇・二%で、四〇〇〇戸にすぎない。二〇一〇年の農林水産省の資料「有機農業の推進に関する現状と課題」では、有機JASを取得していないが、有機農法を行っている八〇〇〇戸を含めて、一万二〇〇〇戸である。ただし、中山間地で農薬や化学肥料をほとんど使わない小規模農家や、半農半Xの有機農実践者もいるので、この数字よりは多いと思われる。

図31　おもな国の有機栽培面積の全農地面積に占める割合

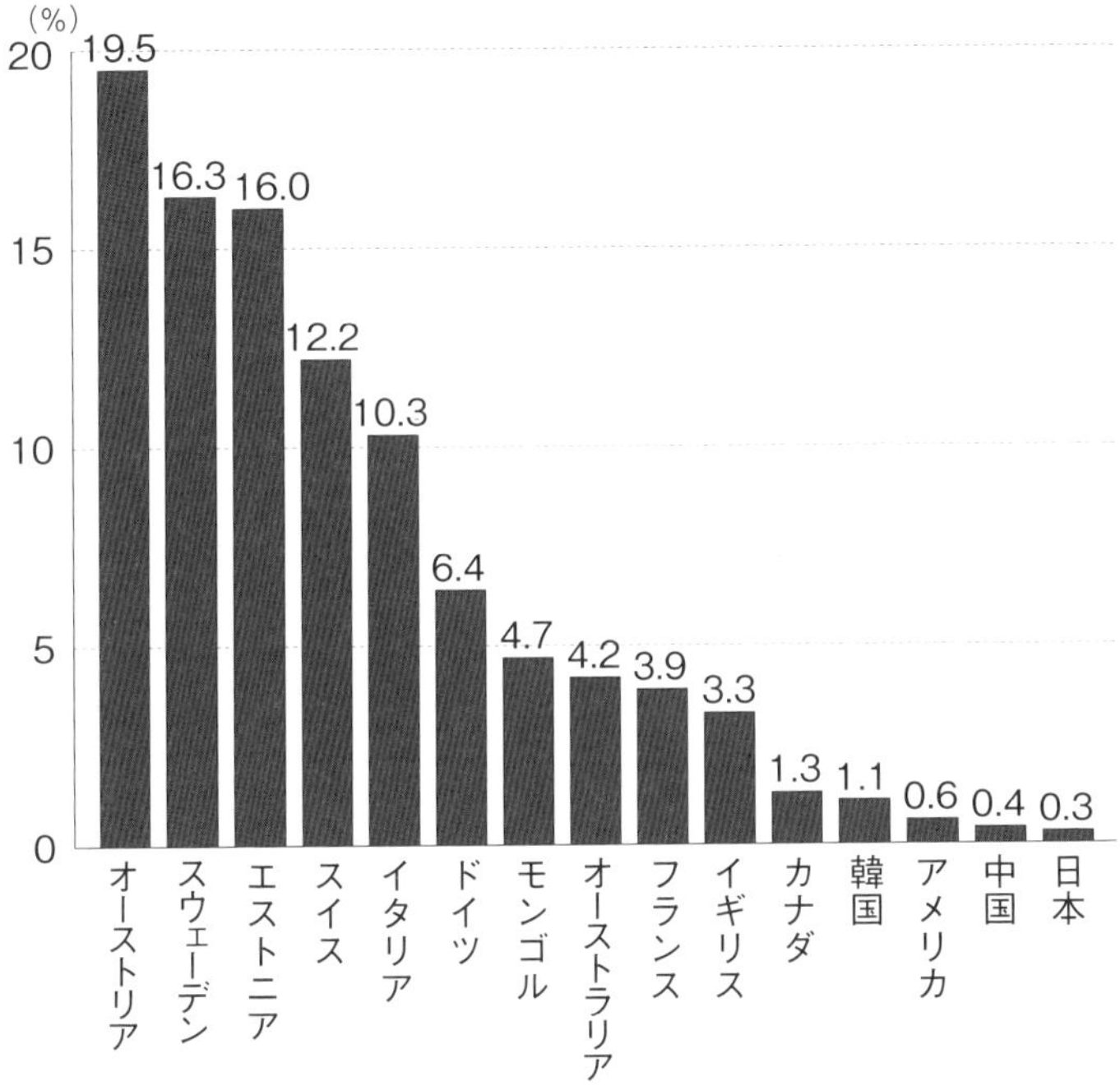

（出典）FiBL & IFOAM, *The World of Organic Agriculture, Statistics and Emerging Trends 2015* より筆者作成。

世界の有機農業の現状も同じレベルなのだろうか。日本は、どのくらいの位置にいるのか。各国の農地面積に占める有機栽培面積の割合を示した統計を見てみよう。FiBL（スイス有機農業研究所）とIFOAM（国際有機農業運動連盟）が共同でまとめ、二〇一五年に発表した。それによると、日本の割合は〇・三%だ（図31）。

最大はフォークランド諸島（イギリス領、アルゼンチンの東に位置する)で三六・三%、二番目がリヒテンシュタインで三一・〇%である。この二つは面積がきわめて小さいので特殊と考えたほうがよい。それに続くのはオーストリアの一九・五%。以下、スウェーデン、エストニア、スイスといったヨーロッパ諸国である。イタリアやドイツも高いほうだ。

日本の〇・三%は九三位。同じ割合の国は、グアテマラ、パラグアイ、マケドニア、インド、ヨルダン、ラオス、ブラジル、タジキスタンの八カ国だ。日本より低い国は、コンゴ、ネパール、ルワンダ、ガーナ、ジャマイカ、パキスタン、ロシア、モロッコ、ミャンマー、イラクなどで、ほぼ発展途上国である。

たしかに日本では、有機農業は長い間、日陰の存在だった。

「自然農法や有機農業をはじめたパイオニア農家は、言語に絶する辛酸をなめられたのです。(中略)農協や普及員からは白眼視され、農学からの徹底的な批判と無視に耐え、なおかつなんの支援もえられないまま」(西村和雄『スローでたのしい有機農業コツの科学』七つ森書館、二〇〇四年)であり、有機農業の研究者でさえ、まわりから「農作物はすべて有機物(生命体)だ。有機物を生産する農業に『有機』の呼称を冠するのは、馬から落ちて落馬したとか、女の婦人と言うのと同様の同義語反復(トートロジー)だ」「無農薬・無化学肥料で農業が成り立つ道理がない」「君は科学を否定するのか。そんな院生は研究者を志す資格がない」などと批判されてきたという（足立恭一郎『有機農業で世界が養える』コモンズ、二〇〇九年）。

化学的な薬品の使用は新しく進むべき方向であり、近代的なのだ、それに反することは時代の逆行なのだ、という思い込みがあった。加えて、化学肥料や農薬を生産する業界や、それらを販売する農協などの利害関係からも、有機農業の推進には大きな困難が伴ったのである。「近代農業に反対するのか！」と周囲の農家から「変人」扱いされる、「虫が発生して迷惑だから薬を使え」と要求される……。小さな共同体においてどれほど苦難の道を歩んできたかは、年配の有機農家に話を聞くと、すぐに理解できるだろう。

有機農業がめざす方向性

有機農業推進法における有機農業の定義は、「化学的に合成された肥料及び農薬を使用しないこと並びに遺伝子組換え技術を利用しないことを基本として、農業生産に由来する環境への負荷をできる限り低減した農業生産の方法を用いて行われる農業」である。より詳しくは、中島紀一茨城大学名誉教授が、成熟した有機農業に向かう取り組みにおいて共通して確認できる方向性として、一四項目をあげて解説している。その内容をかいつまんで紹介しよう（中島紀一・金子美登・西村和雄編著『有機農業の技術と考え方』コモンズ、二〇一〇年)。

①工業製品などの外部からの投入資材にできるだけ依存しない。

②農業の基本を総合的な土づくり、すなわち圃場の安定的で、かつ生産的にも活力ある生態系の形成におく。

③適切な低投入、土壌—作物栄養論的には適切な低栄養を基本とする。

④作物の生命力を引き出していくことを、栽培技術の基本におく。

⑤病虫害対策は、健康な作物の生育の確保、安定した圃場生態系の確保による病虫害多発の原因の除去を基本におく。

⑥雑草の生育力は圃場の生物的活力を示すものと理解し、雑草生育自体を敵視しない。

⑦圃場および圃場周辺の生き物の多様性に配慮する。

⑧それぞれの土地になじんだ作型の確立を重視する。

⑨農業経営のあり方としては、有畜複合農業の構築をめざす。

⑩種採り、育種については、農家が自らの技術として獲得する意義を重視する。

⑪有機農業は豊かな食と結びつくなかで発展、充実する。

⑫有機農業では労働の意味が大きく、農作業は喜びと発見と充実のプロセスである。

⑬地域の自然、地域の林野とも適切に結び合った地域農法の形成と確立をめざす。

⑭長期の視点、世代をつなぐ農の継承の視点、さらには文化形成の視点が欠かせない。最後の「長期の視点、世代をつなぐ」という項目を基盤におくと、有機農業の方向性がすっきり理解できるのではないだろうか。自分だけが利益を得ようとするのではなく、子孫を念頭において仕事し、日々暮らしていく。そう考えると、自ずとどのような道へ進んだらよいのか視野が拓ける。迷ったときには、この方法で将来も続けられるのか、子どもや孫、曾孫の世代は大丈夫なのか、将来の世代が健やかに暮らしていけるのかをキーワードに、模索しながら解答を見つけていくのだ。

また、有機農業にはさまざまな方法があり、場所や気候によって異なる。堆肥は自家製でなければならないのか、プラスチック資材をどこまで減らせるか、どんな機械を使うか、それとも極力避けるべきか。自然農の場合、どの程度の不耕起まで大丈夫か。それらの答えを見つけることは案外難しい。自分自身や家族の状況、技量などが関連する。

生き方としての有機農

このように有機農業では、技術面のほかに、未来に向けて誰もがよりよい方向に進んでいけるような「農」の生き方に重きをおく。前述したように、有機農業は元来、あまりに急激に進行した近代化への批判、環境への過剰な負荷に対する反省から生まれた。金を得るためには何でもする、という経済至上主義を否定する。人間にいらないと思われる動物や虫は殺傷してよい、自然環境は多少壊してもよい、どんどん物を買って、いらなくなったら捨てよう、という思考を批判する。

つまり、農業かつ生き方なのだ。複眼的な見方を持ち、自然を利用させていただいているという謙虚な気持ちで、人間を含む多様な動植物が、現在も将来も、それぞれの場所でできるだけ幸せに暮らしていけること目的としていると私は思う。

有機農家であり、埼玉大学非常勤講師でもある舘野廣幸は、有機農的な生き方には、価値観の転換が必要だと説き、「大きいより、小さい」「多いより、少ない」「早いより、遅い」「強いより、弱い」「新しいより、古い」「純より雑」「結果より、過程」だと述べている(『有機農業みんなの疑問』筑波書房、二〇〇七年)。

ガガンと心に深く響いてくる。通常、そんなふうに教育を受けないし、人間は本能的にも、大きなものをより多く、早く得よう、強くて新しくて混じりっけなしのピュアなものでなくてはならない、と思う存在だから。

こうした逆転の発想が、思考をストレッチしてくれる。大きい、多い、早い、強いなどを追求すると、今よりも、もっともっともっと、と歯止めがきかなくなり、まわりが見えなくなってしまう。自分が、若くて、健康で、経済的余裕があると、お年寄りや、病弱な人、障がいがある人、貧困者への目線が欠けるだろう。

だれもが、いつかは年を取る。お金があり、健康でいられるのはたまたま運がよかっただけと謙虚になり、他者への目線を常に持ちながら暮らしていくべきなのだ。一つの事柄にとらわれず、多様に、深い物の見方が大切だ。ある目標を持ち、それに向かって懸命に邁進していくときには、自分の足元を見つめながら、視野を広くし、家族、地域社会、自然、地球、次世代のことを考えつつ、徐々に前進していこう。有機農はそんな優しい目線が包有された生き方なのだ。

三　二項対立を超えて

「有機」と「オーガニック」はちょっと違う

「有機」と「オーガニック」は同じようだけれど、少々異なるようだ。たとえば、「有機農業を経営しているが、オーガニックな生き方をしていない」ということが、実は矛盾なく言えてしまう。所得を生み出す手段として「有機農業」を選択し、有機農法で農作物を栽培しているが、農的な生活はそれほど取り入れていない場合、まわりの人びとや世界全体と自然を俯瞰しながら、より良い暮らし方を探っていくことについては、それほど意識していないだろう。つまり、今では「有機農法」を手段として、所得が増加するという理由で「有機農業」を経営する場合もあるということだ。

そして、「有機」という言葉は日常ではあまり使用されない。手元の辞書（『デジタル大辞泉』小学館、二〇〇八年）には、「有機」の意味として「生命力を有すること。生活機能を有すること。有機物の性質を持つこと。有機化合物などの略」と記載され、「無農薬、無化学肥料で栽培された」は入っていない。

「有機野菜」は、言葉に矛盾を感じて使いたくないと聞くこともある。動物や植物なら当然、無機でなく有機であると考えれば、農薬を使う慣行農業で作られていても「有機野菜」と呼べてしまう。だから、「有機」は発展していかないのだろうか。有機農法で栽培された野菜なら、本来は、「有機農法栽培野菜」（長い！）とか、せめて「有機栽培野菜」と呼称される必要があるのだろう。でも、どうも言いづらいので、「有機」を使わずに、「無農薬（野菜）」[10]のように呼ばれることも多い。

田中正造から引き継ぐ黒沢酉蔵の営農思想であった「天地有機」、つまり「自然の中には規則がある」という意味を持つ「有機農業」。せっかく苦心して一楽さんが考えたのだが、今ひとつ残念に思えてならない。

一方、「オーガニック」は最近よく登場する。オーガニック化粧品、オーガニックコットン、オーガニックハウス、オーガニック業界、オーガニックショップなど多様に使われる。ＷＷＯＯＦのウェブサイトでも、「オーガニックな生き方」という説明を入れている。

英語のorganic（オーガニック）を辞書（『ジーニアス英和（第四版）』大修館書店、二〇〇六年）でひくと、「有機体の、生物の」「炭素を含む」に加えて、「有機栽培の、無農薬の」が載っている。organ（器官、臓器）から派生しているので、「器官の」のほか「組織的な、系統的な」もあり、例文としてはthe organic structure of society（相互連関的な社会構造）が示されている。また、「（変化・発達などが）緩やかな、自然の」「根本的な、実質的な、（法）基本的な」も載っていて、例文はthe organic growth of markets（市場の緩やかな成長）やthe organic law（基本法）である。

ということは、英語のオーガニックは、「根本的な、ゆっくり進む、相互に関連性をもたらす」という意味を最初から含んでいる言葉だったのだ。organicの意味合いは広く深い。だから、英語圏ではノースボーン卿が一九四〇年に初めて農法でorganicと使って以来、一般に広く浸透したのだろう。

日本語の「有機」の場合、「この人参は、有機で栽培？」「いや、慣行だ」などのように農産物の栽培方法についてでは会話できる。しかし、残念ながら、生活の中で使用されるよ

ホストのお孫さんたちとイギリス人ウーファーが
仲良くタマネギの収穫(写真提供：伊藤麻理子さん)

うには今後もならないのではないか。日本語は他言語をすんなり取り入れて母語にできるので、いわゆる「organic的なこと」を述べる際には、カタカナの「オーガニック」が使われていくだろう。[11]

「オーガニックな生き方」というのは、子孫が安心、安全に暮らせることを念頭にした生活だ。子どもを大事に思い、あるいは将来の孫を想像しながら、安全な食や環境をめざすのは、それほど難しくはない。一方、数百年後の未来まで考えることはかなり難しい。でも、三〜四代くらい先の未来なら、努力をすれば想像できるんじゃないか。

三〇歳で子どもを産んで、その子どもも三〇歳で子どもを産むとしたら、そのとき自分は六〇歳。孫も曾孫も三〇歳で産むとしたら、そのとき自分は一二〇歳になる。もちろん生きてはいないけれど、こうして数十年～一〇〇年先ぐらいの時代がどうあるべきかについてなら、考えられるだろう。

このように、一人ひとりが少し背伸びをして近い未来を想像し、子孫のために負の遺産を残さないように努力していくことはできるはず。各世代がそうして積み重ねていければ、はるか一〇〇〇年後だって、人類と生き物と地球は安泰だ。

四角すぎる正義感には注意

オーガニック生活や有機農を進めていくうえで注意しなくてはならないことがある。自分がより良いと信じても、そればかりを見ずに、側面を見たり、立ち止まったり、後に戻ったりしながら、考える時間を持つことだ。余裕を持って思考しないと、本来のオーガニック思考が狭く、ときには危険にさえなってしまう。

例をあげてみよう。世界的な国際環境保護団体のグリーンピースに所属していたポール・ワトソンという人物がいる(http://www.greenpeace.org/japan/ja/info/faq/)[12]。一九七七年に脱退させられた彼は、その後シー・シェパードの活動家になり、捕鯨船に船で体当たり。鯨のために、人に危害を加えるまでに、先鋭化した。また、「美術を愛し、野菜が好きで、禁煙し、農業の重要さに気づいている」人は、きっと良い人なんだろうなと思う。だが、実はそんな人の一人は、あのナチスドイツのヒトラーだった。

そんなことは私のまわりにはない、とは言えない。実際、何かにとらわれすぎてしまうと、なかなか自分と周辺の景色が見えづらいのだ。

『日刊SPA!』(扶桑社)の「オーガニックにハマり、暴走する女たち」(二〇一三年一一月一八日)に、三二歳の男性の話が掲載されていた。

「妻とファミレスや高速のサービスエリアで食事をすると、『なんで有機野菜じゃないの⁉』と、店員を呼びつけて愚痴りだすんです。出てくる料理すべて『この野菜の生産地は?』といちいち聞いて、答えられないと『誰が作ったのかわからない食材なんて怖くて食べたくない』と一気に不機嫌になるんです。周りからも冷たい目で見られるし、もう外食するだけでもヒヤヒヤです」

そのほか、オーガニックに取り憑かれた妻にシャンプーを捨てられ、水だけで髪の毛を洗う夫のエピソードや、生理ナプキンも布ナプキンでなければダメな女性、手作り入浴剤を押し付ける友人、夜食のカップ麺を食べていたら妻に突き飛ばされて熱湯を浴びた夫の話が掲載されていた。最後のエピソードなんて、ちょっとしたシー・シェパード的行動だろう。

これは、心がオーガニックではなくなっている状態だ。「取り憑かれる」と、それが正義であると信じ込み、自分も周囲も見えなくなる。危険なことだ。

偏った見方をしない、一方的な押しつけをしない。オーガニックを主張するときに、留意したいことだ。オーガニックは最高だ、この道しかない、という思い込みは危ない。その考え方は、本来のオーガニックではない。ほかの価値観を認めず、「私たちが正しい。正しければ、何をしてもいい」という発想は、イスラム過激派の犯罪やテロを正当化する論理に似ている。

自分が今どのような状態であるのかと、年齢や家族状況を絡み合わせて、自分なりのオーガニックの度合いを決めるとよいだろう。そして、そのオーガニックの度合いを固定させてしまわない。年を重ねれば体そのものや考え方が変わり、家族構成にも環境にも変化があるので、それらに合わせて、オーガニックの度合いを変えていってよいし、変えるべきなのだ。

たとえば、自宅で仕事ができ、気持ちに余裕があれば、オーガニックの布ナプキンを使用できるかもしれない。だが、電車やバスで通勤し、忙しい職場で働いていれば、それは無理。布ナプキンを使っていたら、横モレしてスカートを赤くしてしまわないか、気もそぞろで仕事に集中できないだろう。

子どもを産んだばかりであれば、子ども中心でオーガニックの度合いを高めればよい。一般の薬の量が子ども用や乳児用とおとな用では異なるように、体がおとなの十数分の一しかない幼児は外部からの影響を受けやすい。なるべく無農薬かそれに近い食材を使った食事を与えたいし、香料が含まれていない洗剤で洗った服を着させたい。体が大きくなれば、ある程度は異物を排除できるので、それほど気にしなくてよくなるはずだ。

子どもが巣立ったら、子孫の健康を配慮する役目は終わりだから、手軽で安価で誘惑的なジャンクフードを食べてもいいかもしれない（病気にならないように留意しつつ）。有機農法で野菜を作っていても、畑から得られない季節になれば、漬け物で我慢するのではなく、スーパーで慣行栽培の野菜を買って食べるほうがずっと健康を維持できるだろう。このように、体質やそのときの自分や家族の状況や場所を考慮したらよい。

オーガニックであるためには、偏らない多面的な思考が欠かせない。第3章で述べたように、人はどうしてもステレオタイプで物事を見てしまうものだから。それはある程度避けられないが、少なくとも自分がそんな色眼鏡をかけているのだ、ということだけは常に頭の片隅においておくとよいだろう。私にとって、家族にとって、社会にとって、将来の世界にとって、より良い道を選択していると思っているのに、かえって反対の道を進んでしまう不幸はぜひ避けたい。

慣行農業は悪者なのか

農薬や化学肥料を使う農業は悪者なのだろうか。人間にも環境にも悪く、なくさなければならないのか。これは、有機農業者にも、私のような有機農を応援する仕事につく者にとっても、けっこう難しい質問だ。

有機農業は「善」で慣行農業は「悪」というような、白黒をつける二項対立にするべきではないと、私は考えている。仮に慣行農業が絶対的にダメであるとするならば、それはなぜなのかをよく検討すべきだと思う。

化学物質が体に良くないし環境にも悪いからというのであれば、化学肥料以外の化学製品にも気を配らなくては、バランスが取れない。農薬も化学肥料もダメと言う人が、自宅でハエ取り殺虫剤やゴキブリ退治の粘着シートを利用していたり、ペットの犬にノミ駆除剤を使っているかもしれない。テレビコマーシャルで宣伝していた消臭スプレーを、ソファやマットレスに安易に吹きかけていないか。頭が痛いと、すぐ頭痛薬を飲んでいないか。

当然、安易な化学物質の使用は問題だが、全面禁止はあまりに極端すぎる。もともと、生活を向上させようとして開発されてきた製品である。たとえばキャンプ中、夕暮れ前に大量にやってくる蚊にさされないよう、農薬成分が含まれているかもしれない虫除けスプレーをかけるのは致し方ない。我慢して、体中さされて、数日間かゆみでたまらないよりましだ。発泡剤、粘結剤、保存剤が入っていても、歯が黒ずんでしまわないよう歯磨きペーストをつけて磨いていいだろう。白髪を染めることで[13]、気持ちが軽やかになり、まわりにもよい影響を与えるのであれば、毎月染めればいい。

それらの副作用的な害がどれくらいあるのかを頭に入れたうえで、環境に考慮しつつ、少量を状況や暮らし方に合わせて取り入れればいいと考える。化学的な物質をすべて避けると、病気や怪我で手術せざるをえない緊急時にも麻酔やあらゆる薬剤を拒否しなければならなくなる。人類が開発してきた技術は、人を幸せにすることを目的にしているはずだ。

農薬をどう考えるか

農薬は用途によって数種類に分かれている。虫を殺す「殺虫剤」、作物についた菌を殺す「殺菌剤」、雑草を枯らす「除草剤」、ネズミを殺す「殺鼠剤」、農薬がよくつくように糊のような役割を果たす「展着剤」などだ。

農薬は怖いか？　体に危険か？　「そうでないし、そうである」と言えるだろう。

農薬は本来、一般の薬のようにそのまま口にするものではなく、虫を殺すためや作物が病気にならないように、液体を作物に噴射したり、粒剤を畑や水田に撒く。作物に微量に残るが、慣行栽培の野菜を長く食べ続けて、その農薬で健康を害したという話はまず聞かない。私は現在小さな庭があるだけなので、食料は購入している。有機栽培の作物や加工品を知り合いから買うけれど、スーパーでは慣行栽培の野菜も当然購入しており、それらを食べて具合が悪くなったことは一度もない。

収穫時には残留農薬基準値を下回らなくてはならず、使用基準を守って使われている。そのポイントは四点あるという（寺岡徹監修『図解でよくわかる農薬のきほん』誠文堂新光社、二〇一四年）。

①適用農作物以外へは使用しない。
②定められた使用量または濃度を超えて使用しない。
③定められた使用時期（収穫前日数など）を守る。
④定められた総使用回数を守る。

こうした使用基準に違反すると、「三年以下の懲役もしくは一〇〇万円以下の罰金」が科せられることになっている。

イチゴのショートケーキが好きな人は多いだろう。水で洗うと傷みが早くなるので、イチゴを洗わないまま飾るケーキ屋さんが多いらしい。気をつけていても、農薬が使用されていて、かつ洗ってもいない果物を食べることになる。甘くておいしいイチゴはアリもナメクジも大好きで、そんな虫に食べられないように農薬を使うことが多いという。うどんこ病などの病気が発生するときもあるので「イチゴの主な防除薬材一覧」(『農業協同組合新聞』二〇一三年九月二〇日)を見ると、収穫前日まで使用が許可されている農薬が多い。

「えっ」と思った人、今までイチゴのショートケーキを食べて体調を悪くしたことはあるだろうか。無農薬栽培のイチゴを使っている店もあるだろうが、すべてのお菓子屋さんが選択しているわけはない。

ケーキ屋さんで、「ショートケーキのイチゴは洗ってるんですか。それは有機農法ですか」「プリンアラモードのリンゴは洗ってからウサギの形に切ってますか」などと聞けないし、外食するときに、レストランの厨房までいって野菜の洗い方をチェックはできない。だが、過敏にならなくていいようだ。体はよくできていて、多少悪い物質であっても、少量ならうまく機能して排泄してくれるからだ。ショートケーキの小さなイチゴを気にして、わざわざはずして洗うほうが、精神を疲労させ、健康に良くないだろう。

ただし、故意に農薬を使われる危険性を忘れてはならない。二〇〇八年の中国製餃子中毒事件を覚えている方も多いだろう。有機リン系農薬メタミドホスが検出された。中国の食品会社で働く職員が、待遇の不満から注射器で農薬を注入したと言われている。二〇一三年には、日本の食品会社の冷凍食品から残留農薬基準値以上の農薬マラチオンが検出された。翌年、農薬を混入したとして契約社員が逮捕されている。

農薬の問題点

実際に強く心配しなければならないのは、農薬を使う農家である。原液で取り扱う危険性、間違った使用方法で事故に遭う可能性があるからだ。

一九五七〜六〇年には農薬の散布で、毎年平均四五人もが亡くなっている。一九八一〜八五年の平均でも一二人だ。二〇一三年は散布中の死亡者こそいないが、誤用で四人が亡くなった。大きい容器から移すときに飲料の空きボトルを使い、後日飲み物と勘違いして原液を飲んでしまうというような事故だ。中毒になった人は、一九五七〜六〇年の平均が六八一人、二〇一三年が三〇人である。これには散布中の事故も含む(グリーンジャパンhttp://www.greenjapan.co.jp/noyak_anzen.htm、農水省http://www.maff.go.jp/j/nouyaku/n_topics/h20higai_zyokyo.html)。

そして、農薬の残留性ははなはだしい。たとえば、一九七〇年代に農薬登録からはずされ、使用されなくなった有機塩素系殺虫剤ヘプタクロルが、三〇年間も土に残留しており、二〇〇六年に出荷されたカボチャから検出された(『北海道新聞』二〇〇六年九月八日)。安全性に問題がある昔の農薬が農家の倉庫に残っており、次世代あるいは引き継いだ人が畑で処分し、その土で作物を育てる可能性もゼロとは言えない。

さらに怖いのは、複合的な汚染だ。基準どおりに使用されていても、私たちは複数の種類の農薬を知らないうちに体内に入れている。大気汚染、放射能汚染、食品添加物、日々のストレスなど体に負担をかけるものが複合して、病気が発生する可能性はあるのだ。

また、殺さなくてもいい虫をむやみに殺したり、遺伝子操作をして自然の摂理を壊す行為については、どう考えたらよいだろう。人間は地球の唯一の王様ではない。人間の都合により、ほかの生き物を殺傷したり操作してよいのか。こうした倫理的な面も忘れてはならない。

ところで、日本の農薬使用量が他国と比べてどれくらいなのか、わかる人はいるだろうか？ 有機農家数が少ないので、当然農薬使用量は多い。一haあたり使用量は長い間、世界で最大だった。二〇〇七〜〇八年以降は中国と韓国に次いで第三位だが、多いことに変わりはない。農水省生産局農業環境対策課の資料「有機農業の推進について」(二〇一五年)によると、一haあたり約一二キロで、アメリカのなんと一七倍だ(二〇〇六年の数字)。

有機農業で人類は食べていけるのか

『世界の人口』（河野稠果、東京大学出版会、一九八六年）によると、一万年前の全世界の人口は、現在の北海道の人口と同じ程度の約五〇〇万人だったという。私が小学生のころに社会で習った世界人口は、三七〜三八億人と記憶している（それは正しかったようで、『世界の人口』によると、一九七〇年は三七億人）。その後わずか四〇年ほどで、二倍近くになった（二〇一一年末に七〇億人を突破）。

一七五〇年ごろまでは、多少の増加や減少を繰り返しながらも、ほとんど変わらなかったらしい。産業革命で生活水準が上昇し、爆発的に増えはじめた。それは、急上昇という生易しいものではない。遊園地の絶叫マシンに乗って空の彼方へ引っ張られていくような、「上へ上へと向かい、オゾン層を突破する」と比喩できるほど、猛烈に増え続けている。日本では出生率の低下で着実に減少していくが、世界全体では増加が止まらない。

先進諸国は長い間、発展途上国から搾取してきた。現在もその人たちの労働力で、平穏に暮らせている面が多い。毎日飲むコーヒーはどこでどんな人たちの手を通してきたものなのか、服や靴はどこで誰が作ったものなのか、想像してほしい。そんな人たちを日々じわじわと搾取しているかもしれないことは、心に留めておかなくてはならない。人口増加は私たち先進諸国に暮らす人間の問題だ。

世界の人口すべてが生存できるように、有機農業だけで全作物を栽培することは可能なのだろうか。有機農法は慣行農法と比較すると、どうしても時間と手間がかかる。慣行農業なら、化学肥料を撒いて土と混ぜれば、ある程度立派に作物が成長する(もちろん、撒く量やタイミングは考慮しなければならないが)。虫や病気の心配をする前に、農薬をかけて未然に防げるから、人手があまりいらない。

反面、慣行農法を続けると自然環境が悪化し、動植物の多様性が失われ、将来においては人間を含む生き物が生活しづらくなる。アジアやアフリカの「緑の革命」[14]は、一時的には生産性を向上させ、増産を達成した。だが、病害虫が増えて結局は生産量が減少したうえに、種子や化学肥料と農薬の購入によって農民たちの貧困を助長させ、土壌を汚染し、自家用作物の栽培さえ困難になったという負の側面も持つ。

ある有機農家は、人口が爆発的に増えるからこそ有機農業が重要なのだと述べる。有機農法は化学物質に頼らず、環境に負荷をかけずに行うので、地球の地下資源をあまり使わずに、大量の人口の食糧を供給できるだろうと言うのだ。

事実、アメリカのミシガン大学の共同研究チームは、有機農業と慣行農業との単位面積あたり収量の比較を行い、先進国では有機農業は慣行農業より八%弱少ないが、途上国では八〇%も多く、世界全体では三二%多いと、有機農業の生産性の高さを示す研究を発表した（足立恭一郎『有機農業で世界が養える』コモンズ、二〇〇九年）。この研究を見ると、有機農業が生産性の面で劣っているとは言えない。

ただし、有機農家は小規模経営が多いので、有機農家数をかなり増やさなくてはならないことになる。できるのだろうか。

実際には、日本の有機農家数が数年で全農家の一割程度に増えることさえ難しいだろう。慣行農業から有機農業への転換は容易ではないし、ほかの職業からの転職、学卒の新規就農者が急増するとみるのも、現実的ではない。仮にある程度増やせたとしても、小規模だから大量生産は困難だ。そもそも、有機農業者は、大量生産をあまりめざしていない。

環境に良い有機農は理想であるが、現時点では、有機農法と慣行農法の適度な共存が良好な選択と言えるのではないか。もちろん、生物と環境に悪影響を与える遺伝子組み換え作物栽培禁止などの条件をつけたうえで。

両者のどの程度の割合が良いかは一概には言えないが、現在の日本の有機農業の割合が極端に少ないということだけは、はっきりしている。日本はわずか〇・三％、他方オーストリアは全農地の二〇％弱が有機農場なのだから（一五七ページ図31参照）。簡単にはできないけれど、持続可能な社会のためには、五分の一程度にまでは増やさなければならないはずだ。

そして、忘れてはならないとても大事な点がある。食べる側の意識の変革だ。なぜ、農家が農薬を使うのかを考えてみてほしい。

それは、消費者が虫を拒絶するからだ。見てくれの悪いものを食べたがらないからだ。レース模様のようになってしまったキャベツを食べる気にはならないが、虫食いの穴が少々あって、青虫が一匹いるぐらいなら、大丈夫。はるばる遠い畑からこの家までよく来たね、と思えるくらい、虫フレンドリーの気持ちを持つことが重要だろう。

トウモロコシの皮をむいて、アワノメイガがおいしそうにはじっこを食べているところが見えても、冷静にいられる。カメムシに食われて黒い斑点が入ったご飯も食べられる。一〇個買ったリンゴのうち、一つに虫に少し食われたような部分があっても、こんなもんだわ、と思える。あまりにきれいな外観にこだわりすぎない。ガが部屋に飛んできても、ギャーと声を出さない。そんなことができる人が増えるだけで、農薬を使用する農家は確実に減っていく。

減農薬栽培を増やす

頭を柔らかくしてみて、まずは農薬使用を削減する慣行栽培農家を増やすという発想はどうだろう。有機農家を急増させるより、現実的で有効かもしれない。なんていったって、全国の農家のほとんどが慣行栽培なのだから。その農家が農薬の使用量を半分に減らせば、日本の自然環境は大きく改善するだろう（農薬メーカーや販売業者にとっては打撃だろうが、他の事業に漸次転換する努力を望む）。

右は私が無農薬無化学肥料栽培したナシ（2015年）。傷があり、小粒だが、虫が入らずにできた。ただし６個だけ。自家用の楽しみだからこれでいいのであって、販売を考えると、自然農法ではかなり困難な道になると実感できる。左の梨は減農薬栽培。

　半減は極端かもしれないが、二〜三割減なら、それほど難しくないかもしれない。なぜなら、日本人は几帳面で[15]、上からの指示をそのまま受け入れる傾向があるからだ。おそらく、農薬使用量をきっちり守っている慣行栽培農家が多いだろう。

　農薬メーカーは、効き目が十分にある数値や回数を表示しているはずだ。仮に、農家が天候や環境に合わせて工夫し、必要最少限の量で散布すれば、使用量はかなり下がる。環境への負担が減るだけでなく、農家にとっても農薬のコストを大幅に抑えられるし、散布中のリスクも減るから、一石二鳥にも三鳥にもなる。

農薬使用量を減らした結果、多少の虫食いや形の悪い作物ができたとしても、消費者の意識の変化があれば問題なく流通できる。減農薬栽培の技術を身につければ、無農薬栽培へ移行する可能性だってある。

慣行栽培か有機農か。どう折り合いをつければよいのか。自然と技術の間を行きつ戻りつし、着地点をどこにおくべきか。環境と自然を考えつつ、周囲と話し合いながら解決法を探っていくことは本当に大変だ。時代とともに、どれくらい白の度合いを残しつつ、黒も入れるか、あるいは混ぜてグレーにしてみるか。幅広い解決法を考えることが大切になるだろう。

（1）農水省の『農林水産基本データ集』によると、二〇一六年一月に一五年の概数値が発表され、約二〇九万人とさらに減少した。まもなく二〇〇万人を切るだろう。

（2）農業が副業だった人が本業を辞めて主に農業に従事する場合（高齢の両親の農園を継ぐような場合）も、新規自営農業就農者と呼ばれる。

（3）この最後のかなり昭和的な内容は、私が子どものころにしたお手伝いです（案外よくやったなあ）。

（4）農業に関わる人を数えるのは意外に難しい。農業就業人口二二六万人のうち、基幹的農業従事者数は一六七万人である。農業就業人口は、「一五歳以上の農家世帯員のうち、調査期日前一年間に農業のみに従事した者又は農業と兼業の双方に従事したが、農業の従事日数の方が多いもの」だそうだ。他方、基幹的農業従事者は、「農業就業人口のうち、ふだんの主な状態が『仕事が主』の者をいう」のだそうだ。わかりづらいが、農林水産省がいうときの農業人口は、「農業就業人口」を指すことが多いようだ。いつも農業をしている人のほか、別の職業があっても農業が主体になっている人や、子育てで忙しくてあまり農業に従事できないでいる妻、食事作りを中心にしている母なども含んでいると考えると、少しはわかりやすいと思う（基幹的農業従事者の場合は、農作業を少ししかしていない妻や母は含んでいない、と考えればいい）。

（5）『国民のための百姓学』（宇根豊、家の光協会、二〇〇五年）によると、一般農家の自給率は、二〇〇〇年の統計では、金銭ベースで一二%弱だという。農家であっても、ほぼ九割の食料をスーパーなどで購入していることになる。

（6）日本では『土と健康』という名称の月刊誌が、日本有機農業研究会から発行されている。

（7）日本語版書名は『有機農法』（農山漁村文化協会、一九七四年）で、訳者は一楽照雄である。

（8）ただし、『わら一本の革命』の中で、乾燥鶏糞を、一アールあたり二〇〜四〇キロ散布している記述があった。岡田茂吉が関係するMOA自然農法でも、現在完熟家畜糞堆肥を暫定的に使用しているとウェブサイトに説明があった。ほどほどに、ということだろう。

（9）「アイガモ農法」という循環式農法を確立させた古野隆雄さんは、ポール・ロバーツ『食の終焉』（神保哲生訳、ダイヤモンド社、二〇一二年）にも登場し、海外でも名を知られている。

（10）農薬だけでなく化学肥料も使用していないが、長くなるので、後者は省略されることが多いようだ。

（11）その点、二〇〇〇年代によく使われるようになったsustainable（サステナブル）は、「持続可能」という日本語として広がったと思う。ただし、「持続可能」には「環境を破壊しない」という意味が入っていないので、多少の曖昧さは否めない。二〇一四年ごろから目にするようになった「ダイバーシティ」については「多様性」というわかりやすい言葉があるのに、なぜカタカナ？　海底に潜水士のための町をつくったのかと思ってしまったのは、私だけ？

(12) ウェブサイトには骸骨のイラストがあり、海賊の旗のように見える。

(13) 最近、白髪染めに含まれる薬剤によってアレルギーになる人が増加しているそうだ。その点は注意したい。また、あまりにも加齢を否定しようとする固定観念は疑問だ。若白髪だとしてもそれを楽しめるような心持ちと、周囲もそれが当然だと思える状態になってほしい。三〇代からニュースで自然な髪の状態を見せているＮＨＫアナウンサー登坂淳一さんは、希望の星かもしれない。

(14) 一九五〇～六〇年代に、高収量品種の導入や化学肥料の大量投入で、途上国の小麦や稲の生産性向上をめざした。

(15) 英語圏の投稿サイトで、日本のある民宿の壁の貼り紙をトピックにしていたものを見つけた。紙には「どこの国から来ましたか」と記載されていて、客が赤と青のシールで自己申告する。ドイツの国名の横には鉛筆で番号が振られ、その上に整然と貼るようになっている。日本の場合、番号は振っていないが、場を読んでいるかのごとく一人ひとり正確に貼っていた。さらに男女区分があり、男は青、女は赤だ。ほかの国は、男女別の意識はない。アメリカ、オーストラリア、フランスはシールがあちこちで自由奔放(とくにフランス)。シールを貼るという行為だけなのに、かなりの違いがある。やはり、国民性というものはある程度存在するのだなあ。

第5章

旅をするように生きる

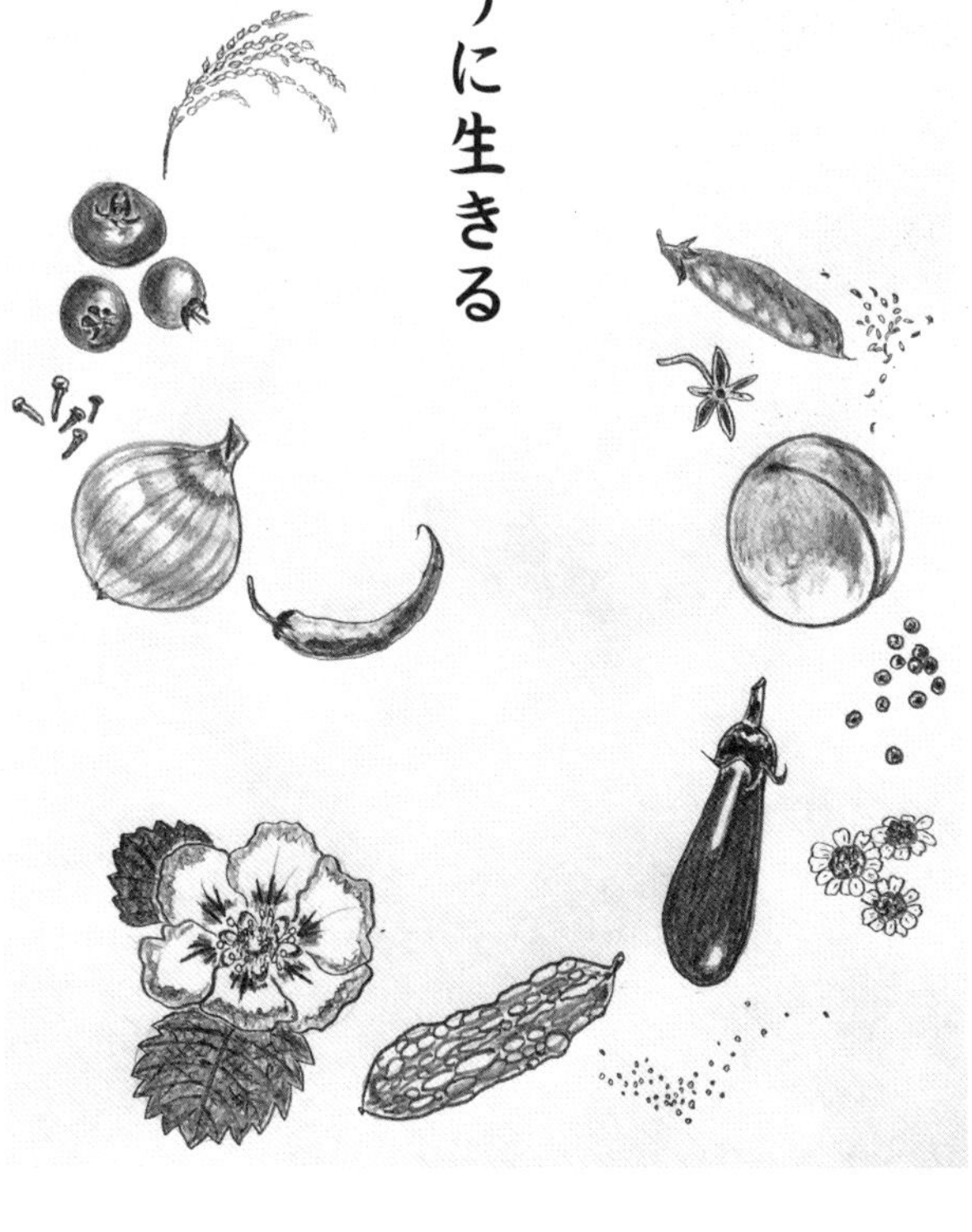

一 ホストの幸せの秘密

ウーファーが幸せになるとき

人には幸せを受け取れるアンテナのようなものがあるのではないかと述べた(九七ページ図16)。WWOOFホストは、このアンテナが発達しているのかもしれない。

アンテナの大きさは教養の度合い、高さは冒険心、そして数は複眼的な視点。ホストは、何かをやってやろうじゃないかというチャレンジ性と、心を閉ざさずいろいろなものに目を向けていこうとする複眼的な視点を持っている。教養の度合いについてはわからないが、有機農の考え方を持っているので、少なくともどうしたら人がより良く生きていけるかを考えながら暮らしていると言えるだろう。だから、ホストの幸せ受信状況は良好なのだと思う。

では、ウーファー側の幸せはどうだろう。WWOOFジャパン事務局では、ウーファーに幸せ度のアンケート(1)を行った。ホストへの質問と同じ内容である。ウーファーはWWOOFという旅の途中であり、通常の幸せの度合いとは異なることが考えられるので、二種

図32　ウーファーの日常生活時とＷＷＯＯＦ中の幸せ度の違い

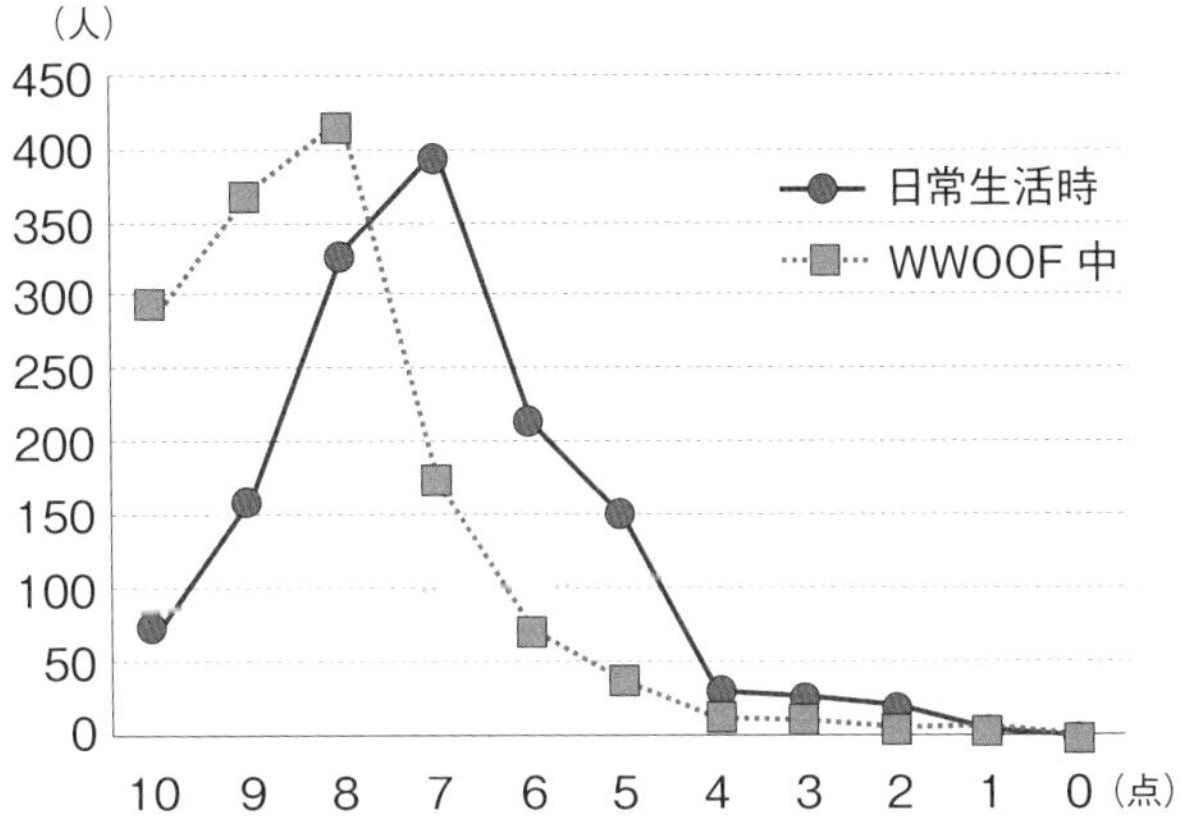

（注）2015年のＷＷＯＯＦジャパン事務局調査。回答数1406人。

類に分けて質問している。①日常生活をしているときの幸せと、②ＷＷＯＯＦをしているときの幸せ、の二つだ。その結果、①の平均は六・九点、②の平均は八・二点。幸せ度はＷＷＯＯＦをしているときが大きく上昇していたのだ。八・二点は偶然にもホストとほぼ同じで、六・九点は日本人の平均に近い（ホスト八・一八点、日本人平均六・四一点）。

図32を見てほしい。日常生活時もＷＷＯＯＦ中も山型で、日常時の山頂は七点だ。ＷＷＯＯＦ中の山頂は八点で、右側が崖のようになっている。つまり、ＷＷＯＯＦ中に「幸せではない」と答えた人が少ないことを意味している。

そして、特筆しなくてはならないのは、一〇点という回答者が日常生活時では七三人だが、ＷＷＯＯＦ中は二九〇人と四倍に増えていたことだ。九点も同じように、日常時の一五二人からＷＷＯＯＦ中は三七二人と、二・五倍近い。個々にみれば、日常時に一〇点、ＷＷＯＯＦ中は八点という回答者がいるかもしれないが、ＷＷＯＯＦ中の幸せに感じる度合いが一般的に高まったことは間違いない。

ホストたちだけが幸せなのではなく、ウーファーたちも幸せになっていたのだ。

図33　年間受け入れウーファー数による幸せ度の違い

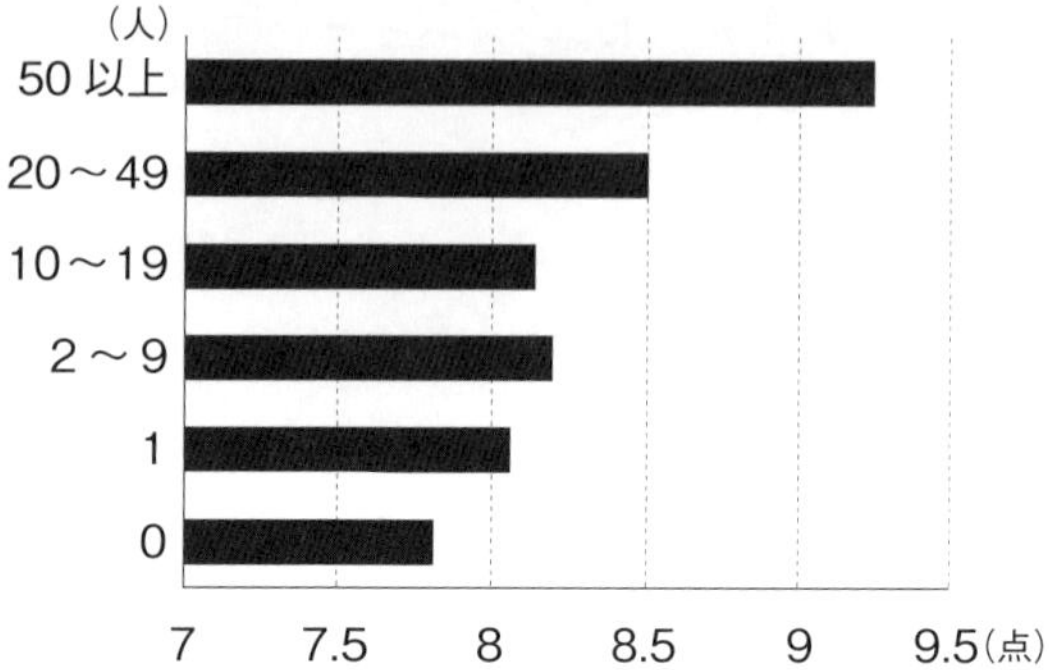

（注）2014 年調査。回答数 266 人。

受け入れ数が多いほど幸せ度が高い

ホストに対する幸せ度調査では、「二〇一四年の一年間に何人のウーファーを受け入れしたか」も合わせて尋ねた。回答を得てから、本当に何気なく幸せ度と受け入れウーファー数を比較してみて、驚いた。両者には相関関係があるようなのだ。図33を見ていただきたい。

一年間に五〇人以上受け入れたホストの幸せ度がもっとも高く、九・二五点。反対に、ＷＷＯＯＦ登録を開始したばかりでウーファーの受け入れはして

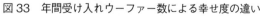

いない、あるいは都合で二〇一四年はまったく受け入れなかった、と答えたホストの幸せ度が七・八一点で、最低だったのだ。年間受け入れ数二〇〜四九人の幸せ度が二番目に高く、八・五一点だった。

たくさんの人が来訪して出会いが多くなると幸せが増えるのか。それとも、幸せに思っていると、たくさんの人と接したいと感じて積極的に受け入れるのか。いずれにせよ、人との出会いと幸せには関連性が大いにあるらしい。

あげて、そして、もらう

ＷＷＯＯＦの仕組みを改めて振り返ってみよう。ＷＷＯＯＦは、お金が介在しない交換の仕組みだ。自分ができることを相手にしてあげ、家族のようになって暮らす。文化や風習、言語が異なる場合も多い。血のつながらない他人同士が、相手がどう感じているのかを念頭に、一緒に作業し、食事し、遊び、学び、生活を共にする。だから、数日間や数週間という短い期間にもかかわらず、実際の家族や親戚のようになる。

この社会は、どんなときでもお金が必要だ。物やサービスに数字をつけて、それが妥当だと思うと、表示されている代金を払って、物やサービスを取得する。その関係は通常、お金と物・サービスの交換で完了する。

たとえば、六八〇円と表示された朝定食を頼む。黒米入りご飯、大根の味噌汁、鮭の塩焼き、ほうれん草のおひたし、漬け物。おいしく食べて、お金を払って、それでおしまいという、三〇分間に満たない関係だけだ。

ウーファーがホスト宅で同じ内容の朝食を食べると、どうなるだろう。朝、ホストのお父さんが畑から抜いてきた大根とほうれん草、漬け物はおばあちゃんの力作だ。食べている間、おばあちゃんは、どうやって漬け物を毎年漬けているかニコニコしながら話してくれた。食事のあとの皿洗いのときに「お米は、先月シンガポールとドイツから来たウーファーさんたちが収穫の手伝いをしてくれたのよ」と言ったのはホストのお母さんだ。

お店なら、お金を払って朝食を食べ終われば、お店の人との関係も終わる。ＷＷＯＯＦでは、食べ物の成り立ち、どのように収穫されて調理されたのか、どんな人たちが関与してきたかに思いを馳せながら、食卓を囲み、おしゃべりができる。

ウーファーは滞在中、ホストが助かるように、お手伝いする。ホストは、慣れない場所で一生懸命なウーファーを見て感謝の気持ちが自然にわき上がり、お返しをしたいという気持ちになる。こうして、相手に何かをしてあげたいという気持ちが循環しながら、人と人との関係性が構築されていく。だから、次のような感想が寄せられる。

「メキシコからの女性ウーファーさんはおいしい料理を作り、田の作業も精力的に手伝ってくれました。雑草引きから合鴨の捕獲まで、嫌がらずにやってくれました。休みの日は一緒に観光に出かけ、たいへん喜んでくれました。本当に助かりました。感謝の言葉しかありません」

「このウーファーさんは、長野、栃木、そして千葉の我が家でWWOOFが三カ所目ということでした。よく手伝ってくれて助かりました。本当に心から感謝します。将来の夢は、日本と台湾のガイドになりたいということです。日本語もよくわかるので、実現すると思います。暑くても、疲れていても、文句も愚痴も言わず、感心しました。力になってくれたウーファーさんに心より感謝します。私の言葉ではありませんが、未来のために

おばあちゃんがよく作ってくれたというパスタをイタリア人ウーファーがホストに披露。「本場イタリアン、ボナペティート！」
（写真提供：浅野晃彦さん）

残すべき最高の財宝は人財である。その人財を見つけ、育てる人こそが、真の人財である。私も頑張ります」

「このウーファーさんは、パリの日本食レストランのシェフをされているとのことで、たくさんの料理を作っていただきました。私たちも近くのレストランでおもてなしをさせていただき、家族のように感じることができました。人とのコミュニケーションには、食べ物の働きが大きいとつくづく感じます。彼女が滞在中、四年前のウーファーさんが自転車旅行中に我が家に寄ってくれて、一緒に楽しいひとときを送りました。家族のように感じられる人が世界中に持てる、こんな幸せはＷＷＯＯＦならではのことです」

数字で物やサービスの価値を決める金銭のシステムは、通常、その物やサービスが妥当か、自分が払える費用かだけを考えるシンプルなものだ。一方、お金という数値では測らないウーファーとホストとの関係は、「あげる」ということと「もらう」ということをどのようにバランスを取るか、いつも心のどこかで感じていなくてはならない。実のところ面倒くさい関係でもある。

何かをもらったら、何かを返さなくてはならないという感情は、人間が生まれながらに持っているものらしい。そして、そうした贈り物をやりとりする関係が人のつながりを強化するようだ。フランスの社会学者で民俗学者であるマルセル・モース(2)は、『贈与論』(吉田禎吾・江川純一訳、ちくま学芸文庫、二〇〇九年)で、こう述べている。

「物が与えられると、それだけで贈与者と受贈者との間に取り消しのきかない双方的な絆ができる。これは物が食物の場合に特に顕著である」

なるほど。WWOOFは与えて与えられるという関係で、たいてい一緒に食事を取る。料理はホスト家族がするほか、ウーファーも、先の感想のように母国料理や得意料理を率先して作ったり、補助的に手伝いや準備をする。一緒に食べて、相手のことを考えて、相手に何かをしてあげようと考える。

金銭のやり取りをしない双方は、短い期間でもこの贈与の感情が濃厚になり、相手とのつながりが固く感じられるにちがいない。そして、この新たに発生した他者とのつながりが心に響くので、ホストもウーファーも幸せな気分が自然に発生してくるのだろう。

しかしながら、相手に何かをあげるというこの流れは、どうしてもうまくいかないときもある。相手の反応や行動が鈍く、バランスのよい交換にならないときだ。そんなときにはどう考えるか。WWOOFホストの手引書にはこう記載してある。

「ホストさんのご負担が多少大きいようなときも、それを全体のWWOOFとして考えていただき、ある時には負担がかかる場合があるが、反対にほかのウーファーから十分な援助を得ていると考え、発展途上にいるウーファーに対しては、ぜひ温かい態度で接していただきたいと思っています。将来、そんな過渡期のウーファーが成長後、今度はほかの誰かに温かいサポートをしてあげることに必ずつながることと思います。WWOOFにおいては、親切心、包容力についても循環型で、持続可能になれば、と望んでいます」

手伝いをしようとしても、体も心も十分に動かないウーファーは存在する。あるいは、ホストが望んでいるところまで到達できない動きのウーファーもいる。その場合、ホストは相手に「もっとしっかり手伝いなさい」と要求したり、自分があげたものを、そのままお返しされることを期待せず、相手が心身ともに成長したときに、その恩返しを別の人に行うことを期待することで交換したと考えよう、としているのだ。

反対に、あるウーファーから予想以上の手伝いをもらったホストは、それに見合う十分な返礼がときにはできずに、心に負担を感じてしまうかもしれないが、そのときは、その心に感じたうれしさと感謝を別の誰かにあげよう、と助言している。

このように、交換は二者の間の閉じたものではなく、外にも開かれているのだ。

経済と好きなことの実践の間で

第3章では、内閣府の幸福度調査などから、幸せを考えるうえで必要なものは、大きく分けて四つになると述べた。経済、自分自身、他者との関係、自然と社会だ（八六・八七ページ参照）。このうちの三項目をホストがほぼクリアできていることは、すでにわかるだろう。残りの経済についてはどうだろうか。

転職したホストに、以前と現在とで所得が異なるかどうか質問をしたところ、「増加した」と答えたホストは一八％と、かなり少なかった。「同じくらい」が一三％、「減少した」が六九％である。好きで始めた農業や自営業で、生活は充実しているが、経済面で悩む姿が見受けられたことは事実だ。たとえば次のような声があった。

「まだまだ多額の借金返済があり、生活費以外の出費は極力抑えた暮らしをしています。これで満足して一生を終えることもできるでしょう。ただ、子どもがいて、孫がいて、まだまだ元気な両親もいてとなると、プレゼントや旅行など彼らのためにもっとお金を使ってあげたい、という欲求があります。

ものやお金じゃなくてもっと違う形で幸せのプレゼントを、という考えもあります。でも、そうは言っても、両親や子どもたちとおいしいものを食べたり、一緒に旅行したり、孫に新しいおもちゃや絵本や洋服を買ってあげたりと、とびきりぜいたくではないにしても、日常的に出費をする機会に、自分も相手も満足して気兼ねなく使える余裕が欲しいと考えてしまいます」

そのとおり。物々交換や自給自足だけでは、この社会で生きていけず、ある程度の経済的な充足は必須だろう。「僕は地球のために、環境のために、自ら犠牲となって生活しているのです。お金のことなんて考えていません」なんて言葉を発する人がいたとしたら、「えっ」と疑ってしまう。虚勢を感じ、偽善的な匂いも少し漂う。

ある程度お金も稼いで、家族が安心した気持ちで、健康で文化的な生活ができるようにしていかなくてはいけない。損益に関するコーナーも頭の片隅にしっかり設置しておくことは欠かせない（一人暮らしなら、仙人のようにしていてもいいのだろうけど）。

もっとも、地域や暮らし方によって、どれほどの所得が必要かはかなり変わる。ホストたちに、こんな質問をした。

「あなたの住む地域に、二〇代ぐらいの若い夫婦二人が、現在のあなたと同じような仕事をして暮らすことを考えているとしたら、いくらあったら、日々それほど不安なく暮らしていけるとお思いでしょうか」

一番多かった回答は、「月一五〜二〇万円ぐらいとして、年間二〇〇万円前後」で、およそ半分だった。次は「月二〇〜二五万円（年間二四〇〜三〇〇万円）」で、約三分の一だ（図34）。これらの数字は、都市で一般的に暮らすときに必要と思われる所得と比べて低い。どこで、どう暮らすかによって、都会で「貧困」と呼ばれる人が、貧困ではなくなる。

図34　20代夫婦が年収いくらあれば不安なく暮らしていけるか

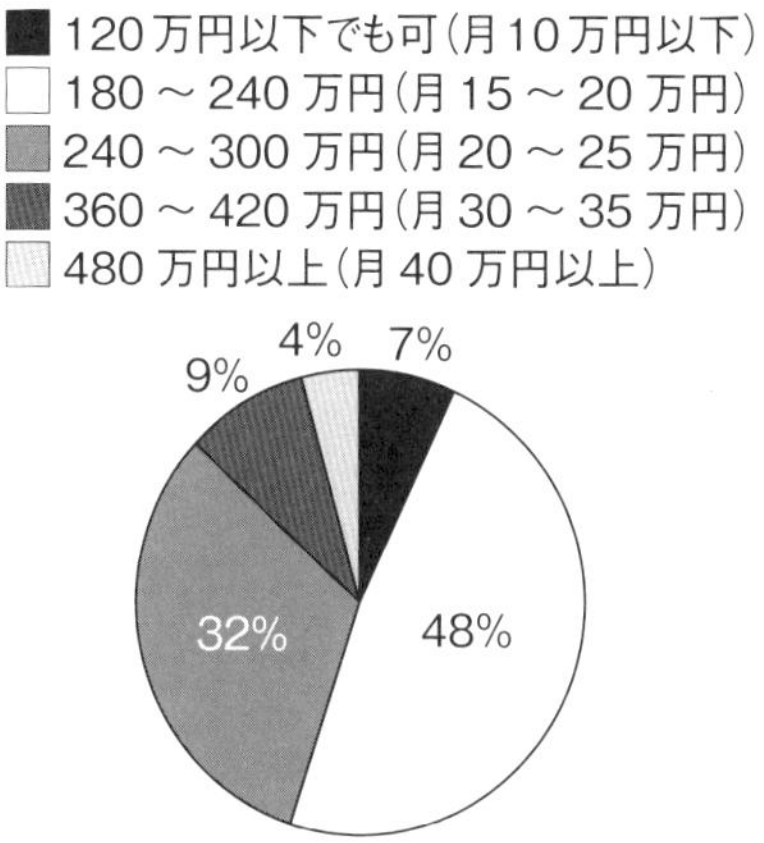

（注）2014年調査。回答数240人。

『月3万円ビジネス』（藤村靖之、晶文社、二〇一一年）は、「地方で、いいことで愉しく稼ぐ」方法を書いた本だ。市場を独占せず、感動的な商品を作り、人間関係を大切にすることが大事だと語る。分かち合いながら暮らしていくことが大切だと言う。支出が少ない生活スタイルにして、無借金でモノを作ろうと提案する。それを実践するかのごとく、こんなホストもいる。

「私は年間合計一八万円以下の所得（月ではなくて、年間の数字だ！）で、今年は久々に借金生活かなと思っていましたが、今のところうまく回しています。一〇年間赤字決算は出していません」

そんな農家がいるかと思えば、有機農家が貧乏でなければならないという固定観念(3)をはずしたいと言うホストもいる。

「私のところは現在、年間売り上げが一三〇〇万円なので、所得として残そうと思えば四〇〇万円ぐらい残せると思います。経済的にうまく回っています。幸せです。有機農家はリッチで、周囲からうらやましく思われる存在でなければと思っています」

食べ物がほぼ自給できているホストの場合、食費にはあまりお金がかからない。会社勤めではないので、衣服にこだわることはあまりなく、住居も家賃一万円など低額の場合がある。衣食住にかかる出費は、都会より相当に低く抑えられる。一般の平均年収にはるかに到達せずとも十分暮らせるので、幸せに感じられるのだろう。

一方、農業だけでは食べていけないので、別の仕事をするホストもいる。イヤイヤではなく、自分の好きな農業と、自分が好きで、かつ収入を得られる仕事をする「半農半X」を積極的に実行する人たちだ。「有機農／陶芸家」「有機農／英会話教室」「有機農／自然食品店」、オーガニックな暮らしをしている「農家民宿」「農家レストラン」のように、複合的な働き方をするケースも多い。

自分の好きなことをするということと、経済的な満足感との間に、どんな着地点を見つけていくか。それは家族形式、生活様式、居住地域に加えて、何に価値を見いだすかによって異なるので、各自が探していかなくてはならないのだ。

有機農家は理想主義者?

オーガニックな有機農業の良さは、農薬や化学肥料を使わないため農作業が安心で、食べる人にも安全・安心を提供できるというだけではない。ほかにも、たくさんある。

小規模で開始できる手軽さがある。少量多品目栽培が多く、頭を使い、飽きずに楽しく農作業できる。大型機械の購入を比較的控えられる。家族それぞれが自分に合った農作業ができる。加工品作りができる。ほかの仕事との兼業に親和性が高い。農薬や化学肥料を販売する農協やメーカーに頼りきってしまわないでよい。インターネットや直接販売により、消費者とつながりが実感できる。子どもが安心して遊べる。農業体験の訪問者が多い。自然と近い暮らしができる。

また、環境そのものにあまり負荷をかけずにすむ。第4章で見たとおり、有機農業は近代化に対するアンチテーゼの側面を持つ。自然豊かな国土、郷土を化学薬品で汚染することを憂う。農薬でむやみに虫を殺すことを憂う。人間だけではなく、ほかの動植物と共存しながら少しずつ土を豊かにして、自然からの実りをもらうという謙虚な意識を持っている。当然ながら、そんな自然を壊す原子力発電には懐疑的だ。生態系のバランスを乱す遺伝子組み換え作物・食品に反対する。

こうした有機農家たちは、近代化に抵抗して理想のみを追い求める人たちなのだろうか。

「リベラル保守」的な有機農家

政治学者で近代日本の思想史を研究している中島岳志[4]は、「人間は過去においても、現在においても、未来においても不完全な存在です。そんな不完全な人間が構成する社会は、歴史的に完成したためしがなく、今後も完成形に到達する可能性はありません」と語る。人間の理性によって理想社会をつくることは不可能だと保守思想家は考えているというのだ。

そのとおり。完璧な人間はどこにもいない。人間は間違いを起こす。悩みながら、間違いを避けようとしつつも、ついまた間違う。それでも、少しずつ前へ向かって進んでいく。完璧だけを追求すると、コンピュータ化されたSFのような管理社会になるだろう。

保守思想の反対には、理想社会をつくろうとするリベラル思想がある。中島さんは、ユートピアのような理想社会の実現をめざしすぎると、規制から解放された自由が人間の冷酷な性格と結びついて、他者への寛容を喪失させると言う。一方、「自由」と「寛容」がともに存在しているのが本来のリベラルである。それは、さまざまな場所に多様な考え方を持つ人がいることを理解し、急進的にではなく、徐々にお互いが合意できるルールをつくりあげていくものだ、と述べる。

他人へのいたわり意識がなくなると、正義が急進的になって、鯨のために人間に危害を与える活動家や、ユダヤ人を差別、迫害、虐殺したヒトラーが生まれる。一時的な熱狂を伴う革命ではなく、これまで培ってきた伝統と歴史を土台に、じわりじわりと少しずつ前に向かって変えていくことが大切なのだ。

さらに中島さんは、保守とリベラルを対抗関係にするべきではないと言う。そして、成熟した精神であるリベラル思考と、歴史的な積み重ねという保守思考の双方を取り込みながら、バランスよく歩みを進めていく「リベラル保守」を提案した(『「リベラル保守」宣言』新潮社、二〇一三年)。

絶対的に保守思想が優れている、いや絶対的にリベラル思想が正しい、ということはありえない。そうは言っても、人間はどちらかに偏りやすい性質を持っている。思い込んだほうが、考えずにすむので楽だからだろう。でも、それは本当に危険だ。

一つの絶対的な選択ではなくて、時代や場所ごとに最適と思われる方法を、こちらの考え方から一つ、あちらの思想から一つというように取り出し、合体させて新たなものをつくりあげる。それでも完成形にはならないから、工夫を重ねて最善になるように努力し、年月とともに修正もしていかなくてはならない。

有機農業推進法が成立するまでは、有機農に関わる人は「農協や普及員から白眼視され、農学からは徹底的批判と無視」され、「変わり者(5)」と呼ばれ、一般農家からも胡散臭く見られていた。そのため、理想を求めて体制に対抗するように見え、いわゆる左寄りではないかと思われることもあっただろう。

しかし、理想ばかりの思考を持っているわけではない。彼らは郷土と国土を愛している。長い年数をかけて人間が暮らしていけるように開拓され、大自然の恵みのもとで食べ物を供給してくれる大地を大切にしたいという根本的な愛情がある。

有機農家たちは環境にダメージを与える近代化に懐疑的で、自然と密接につながり、自然から発せられている声を感じながら試行錯誤している。人間にはできないことがあると認識し、恵みは自然から与えられると考え、地道に、謙虚に生きる。一時的な効率を求めず、少しずつ改良や工夫を重ね、地道な土づくりに勤しむ。いろいろな考え方を持つ人びとと接し、あの道もこの道もあると考え、多様な価値観のもとで思考していく。

有機農法は固定していない。地域によって方法は異なる。同じ土地でも、毎年の気候により変わる。また、家族や人とのつながりを大事にするだけでなく、地域、日本、そして世界への視線も忘れてはいない。ローカルとグローバル双方の視点で自由に考える。

当然、喜びばかりではなく、馬鹿にされ、中傷されたことがある人もいるし、失敗して大きな被害を受けた人もいる。配偶者の理解が得られず離婚したり、事故に遭った人もいるだろう。友達から借金したかもしれないし、極端な思想に入り込んだことがあったかもしれない。苦しい日々、悲しい日々を乗り越えつつ、歩んできた。苦労を知る人たちは、寛容という心を持つ人たちでもある。

右に左にバランスを取って自由に動き、一歩ずつ歩む。大海の一滴であっても、自分ができることを着実にやりとげていこうと意気込む。うまくいかなくても、大丈夫、なんとかなるさという心を持つ。こうした有機農家たちから構成されるＷＷＯＯＦホストには、単一的思考ではなく、リベラル的であり保守的でもある柔らかな心を持つ人たちが多いと言えるのではないだろうか。

田舎だけが閉鎖的なわけではない

芥川賞作家・丸山健二の『田舎暮らしに殺されない法』（朝日文庫、二〇一一年）は強烈な内容だ。この本を読んで田舎への移住を止めた人は、おそらく数十人いるのではないかと思うぐらいである。

定年退職した六〇歳過ぎの家庭を持つ男性向けの内容だ。田舎暮らしを漠然と夢見て、このままやらないでいると後悔するから実行しようというのは、家族に迷惑をかける高い衝動買いであり、駄々をこねる幼児性であり、愚行中の愚行である、と一刀両断の言葉を発している。たしかに、丸山さんの言うように、田舎暮らしはすべてパラダイスだと単純に思い込んでいる人は、イソップの町のねずみと変わらなくなるだろう。

厳しい文章ではあるが、丸山さん自身が田舎に暮らしており、さまざまな苦しみや辛さの経験をもとにした、心の底からの言葉の数々だと感じる。実際、都会なら公共交通が発達しているけれど、田舎ではマイカーが必須で、一番近いスーパーマーケットまで往復一時間かかるような不便さがあるかもしれない。静寂さときれいな自然を求めていたはずが、農繁期には農業機械のエンジン音が聞こえてくる。山に入れば、ダニに吸い付かれる。美しい青空だが、隣の畑で農薬散布のラジコンヘリが飛ぶ。近くに工場や産業廃棄物処理場ができる。現実には、このようなことがあるだろう。

また、地元の人たちとの付き合いについて、詳しく言及していた。丸山さんは「異常なまでに妬み深い、他人の不幸を異常なまでに喜ぶという土地柄」にいるようで、移住してきたばかりで引っ越し荷物を整理しているときに、ウサギの死骸を敷地に投げ込まれたという。「郷里がすべてであり、世界中が同じ価値観を共有しているものと思い込んでしまっている」人たちであったために、外部からの移住者に本能的な拒否感を感じ、こうした嫌がらせの行動に走ったようだ。

田舎の人に対する辛辣な批判の数々だったが、都会でもある程度、同じだろう。短絡的なかわいそうな思考の人は、残念ながらどこにでも存在している。私も何度か引っ越してきたけれど、素晴らしい人たちはたくさんいたと同時に、都会にも異質なものに反発を感じる人や、嫉妬深い人がいて、悩まされたこともあった。窓から常に行動をこっそり観察し、「きのう、夜遅くに来客があったね。誰さ？」と尋ねるような詮索好きな人は、田舎だけにいるのではない。

田舎の場合は人口が少なく、人の移動も少ない。だから、狭い思考の人が一人でも存在すると際立ち、何から何まで行動が監視されているように感じ、気が滅入るのだろう。

孤立感を持っていないホストたち

安心して大丈夫。丸山さんが言うようなケースはどこかで発生しているのだろうが、そうした地域ばかりではまったくないからだ。もしそうなら、これほど農業への新規参入者が増えないし、田舎暮らしに関する書籍や雑誌の刊行が続かないだろう。

それは、ＷＷＯＯＦでも証明されている。二〇一二年に、ＷＷＯＯＦホストに「地域で孤立感を感じていますか」という質問をしたことがある（図35）。その結果を見ると、内閣府調査の全国平均と比べて孤立感を感じていないのだ。

二〇一一年の内閣府調査では、「全く感じない」と「あまり感じない」の合計が五二％だ。一方ホストの場合、男性は六九％、女性は七六％である。地域の仲間として認められ

図35　地域で孤立感を感じているか

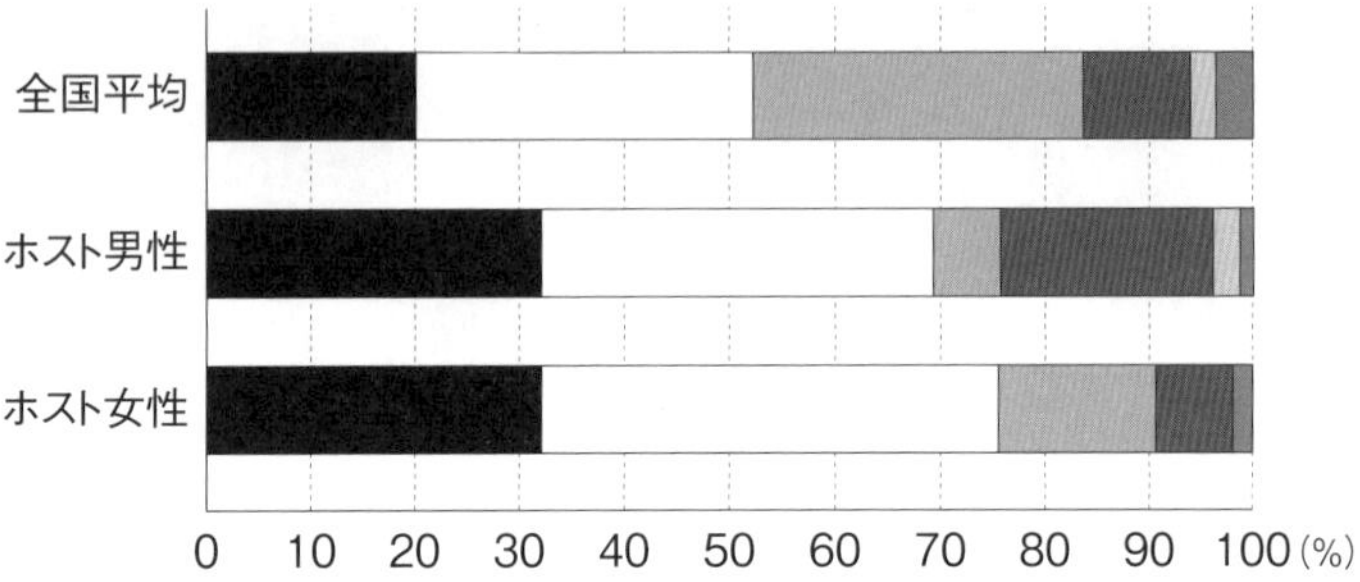

	ホスト男性	ホスト女性	全国平均
■ 全く感じない	32.1	32.1	20.0
□ あまり感じない	37.2	43.4	32.2
■ どちらでもない	6.4	15.1	31.4
■ やや感じる	20.5	7.5	10.3
□ 強く感じる	2.6	0	2.5
■ 該当しない	1.3	1.9	3.6

（注）2012年調査。回答数男性ホスト78人、女性ホスト53人。全国の数字は内閣府国民調査(2011年、2773人)。

ていて、気持ちよく暮らしていると言えるだろう。ただし、男性のほうが「やや感じる」割合が高く二一%、女性は八%である。概して女性は柔軟に近所付き合いするのだろう。

次に、図36を見ていただきたい。ウーファーは、各地から来訪する日本人と世界各国から来日した外国人である。そんな異質な人たちが田舎に滞在することに対して、地域の人たちの「目」がどうなのか、という質問に対する回答である。

「地域の人たちはウーファーを温かく迎えていると感じますか」

図36　WWOOFホスト、地域の人たちはウーファーを温かく迎えていると感じているか

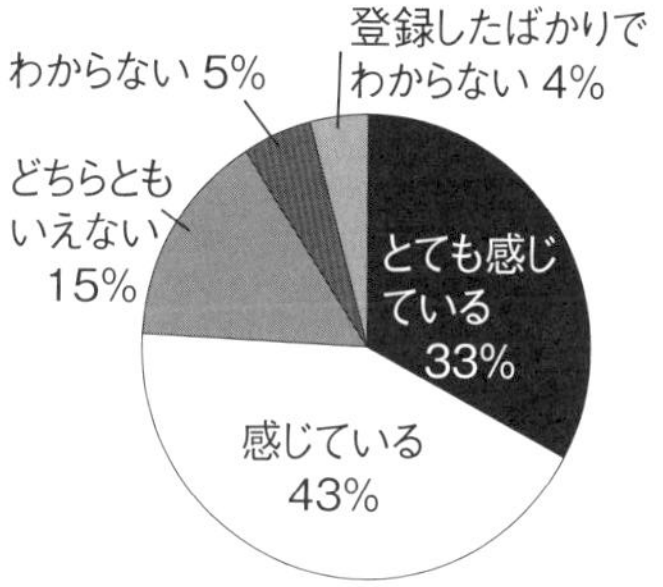

（注）2012年調査。回答数132人。

に対する回答は、「感じている」と「とても感じている」の合計が七六%。四分の三という高い割合だ。選択肢には、「いいえ」と「拒絶しているように感じる」も含まれているが、この二つを選択したホストは一人もおらず、私自身驚いてしまった。

実際、ウーファーたちは運動会やお祭りに参加したり、小学校に出向いて児童たちと交流したり、地域社会に溶け込み、活性化にも役立っているようだ。「次は、どこの国からウーファーさんがやってくるのか楽しみだわ」と、近所のおばあちゃんが楽しみにしているという話も耳にする。

丸山さんは「土地柄がある」と述べていた。ホストが暮らす地域は、移住者や異質なものを快く受け入れようという気質があるのかもしれない。そのため、移住者が楽しく幸せに暮らし、ウーファーを呼び、新たな移住者を惹き付けていく。こうした好循環が生まれているのだろう。

第2章でホストが特定の市町村に集中していると述べた。それは、その市町村が外部の人たちを気持ちよく受けとめようとする土地柄だからなのだろう。丸山さんも、「自分の

ような汚れた人間が簡単に移り住んではいけないのだと思うほどの、それはそれは素晴らしい田舎と出会ったことがあります」と著書の最後で語っていた。

「悪い土地柄」は、丸山真男が述べるタコツボ状態になっているということではないか（二一九ページ参照）。粘着型で、身内同士だけでつながっている状態だ。それゆえ、異質なものを排除したくなるのだ。

とはいえ、「土地柄」が良くない地域であっても、新旧交代が進む。閉鎖的すぎる思考を持つ老人はいつか逝く。その子どもが親と同様にタコツボ意識を持っているかと言えば、インターネット時代の今、どんな世界が広がっているのかをある程度は認識しているだろう。粘着質の意地の悪いいじめは、昔より少なくなるはずだ。

また、今では全国各地に、いわゆる限界集落が増えている。自分が住む集落の人口減少が進み、不便になって離れざるをえない状況にならないように、移住者たちへ温かい目を向ける意識も芽生えてくるだろう。

ボンディングもブリッジングも大事

一人で暮らしているホストの幸せ度が低い、家族がいても仲が良くなければ幸せ度が下がると、第3章で述べた。「パートナーがいれば一〇点満点」「配偶者がいると幸せ」という独身ホストの回答も複数あった。

家族で理解し合っているということは、生きるうえでの核になる。それによって幸せ度に大きな差があることは理解できる。家族の強固なつながりが、まず幸せの土台になるだろう。家族につぐつながりは、会社や学校、あるいは地域共同体になるはずだ。これはしかし、人間関係が固定されて身動きがとりづらく、タコツボやタテ社会という閉鎖的な空間が生まれる場所でもある。丸山健二さんが受けたような陰湿ないじめも起きる。

この点に関してリベラル保守という生き方を語る中島岳志さんは、アメリカの政治学者ロバート・D・パットナムが論じる「ブリッジング（橋渡し型）」（複数の集団を行き来するような多元的な橋渡し）が重要だと述べている。閉塞的な空間には、別の場所から来る者、別の場所へ行ける柔軟な動きが必要になる。中島さんはある日の講演で、次のような例を使って説明した。

NHKの連続テレビ小説『あまちゃん』に登場する「軽食＆喫茶リアス（スナック梨明日）」は、安心できる場所であるが、閉鎖的な空間でもある。仲間内では気持ちよく安心できるけれど、結束されて閉ざされた場所なので、外から入ろうとするのは少々難しい。一方、まちおこしでつくった「海女カフェ」は一般の人向けの空間であり、誰でも利用できる、自由な空間だ。『あまちゃん』は、ボンディング（結束型）もブリッジング（橋渡し型）

も取り入れている。

そのとおり。結束が強い空間は居場所として必要だが、入りづらく、出づらい。ある人にとっては、居場所ではなく、居てはならない場所になることがある。阻害されたり、がんじがらめになって身動きがとれず、嫌な社会になってしまう。それを防ぐために、ブリッジング、つまり動きがある空間も欠かせない。身近なところに双方をうまく取り入れていくことで、気持ちのよい社会をつくっていきたい。

ＷＷＯＯＦホストは移住者や転職者が多いと述べた。居住地の移動や転職は大変だ。人生の橋を渡るには勇気がいる。向こう岸に何があるかわからない。だが、ホストたちはチャレンジ精神を持ち、思い切って橋を何度も渡る。そんな彼らは、ボンディングされている地域に対するブリッジングの役割を果たす。そして、新しい地域社会に溶け込み、新たなボンディングをつくると同時に、ウーファーという旅人の受け入れによって、ブリッジングの役割も継続している。

有機農家であるＷＷＯＯＦホストには、反骨精神がある人たちが多い。少しぐらい叩かれても、へこたれない。失敗してもやり直せばいいと思い、地域や仕事を変えつつ、今を一生懸命生きる。出る杭は打たれるが、出過ぎた杭は打たれないことも、身をもって知っている。そんな心意気で共同体に入り、新鮮な風を吹き込む。

ただし、反骨精神だけが原動力かと言えば、そうではないだろう。なぜなら、誰かから認められているという心の余裕を強く感じているから。それは、配偶者だったり、家族だったり、直に接するお客さんだったり、そして日本各地や世界各国から来て一緒に暮らすウーファーたちだろう。

「農作業の後、町まで用事をお願いしたからクタクタなのに、洗濯物たたんでくれてほんとありがとね」というちょっとした妻から夫へのいたわりや感謝の言葉。「先月、お宅で買ったルバーブのジャム、とてもおいしかった。今度は二瓶買うわ」という消費者からの感想。これらは大きく心に響く。

各国のウーファーたちからは、こんな感嘆の声を直接受ける。

「ほうれん草がこんなにおいしいなんて知りませんでした。育て方が違うのですね」

「野草をこんなに美しくアレンジして、さりげなく食卓を飾るとは、素晴らしいです」

「毎日エネルギーいっぱいで、お父さんは六〇歳なのに二〇キロの袋を軽々運び、スーパーマンみたい」

ありふれた風景がウーファーの手で美しい画像になり、ブログにアップされる。ウーファーが気に入って再訪問したり、友達に紹介して別のウーファーがやって来る。

家族や他人から認められている、承認されていると感じられれば、大きな力になる。そのエネルギーで、上にも下にも、縦にも横にも斜めにも自在に動ける心を持っていられるのだろう。

旅をするように生きるホスト

ＷＷＯＯＦホストは好きな仕事をしている。苦痛に感じていた会社を思い切って退職し、あるいはめざすゴールに到達して次のステップとして、現在の仕事をしている。同時に、現状に満足しきっているわけではない。良い機会があれば別の場所へ移動してもよいという柔軟さを持つ。

内外からの多様な人と会い、一定の時間を共に暮らすので、価値観が見直され、自分の持つステレオタイプが攪拌されていく。心を寄り添うことで他人が家族のような存在になれると実感できる。人の素晴らしさも、どんなことで人が失望するかも、理解できる。

農業や自営業では、夫婦や家族が一緒にいる時間が長い。より深いつながりが生まれる。愛のみでなく、一緒に生き抜く仲間であり、なくてはならない存在だ。しかも、自分の居場所が形成されているので、そこを拠点にして、他者や地域社会へ目線を及ぼす柔軟な思考が形成され、橋渡し役を担い、他者と交流しやすくなる。また、移住者や有機農家というマイノリティ意識、よそ者としての心があるので、閉鎖的思考の危うさを熟知し、開放的な思考を持とうとする意識が高まる。

　自然に近い暮らし方をしていると、その豊かな恵みを感じると同時に、脅威も身近に感じ、謙虚な気持ちが芽生えやすい。ちょっとした日常の出来事でも、喜びや幸せの感受性が発達する。無慈悲に、無差別に発生する自然災害を目の当たりにして、偶然の積み重ねで生きている実感と、感謝の気持ちを持つ。「足るを知る」という意識が生まれる。

　転職や移住という大きな決断ができる冒険心と、新しい暮らしで生じる壁を乗り越えるチャレンジ精神を持つ。同時に、地域になじむための抑制のバランスを保つ。試行錯誤しつつ、間違いや失敗を繰り返しながら、考えて暮らす。農作物を育てているから、どうなっても食べていける、生きていられるという根本的な安心感がある。

　有機農家は直接販売で消費者の顔が見えるから、その人たちのためによりよい物を作ろうという思いが強くなる。人とのつながりがおもしろくなり、やりがいにつながる。人に喜びを与えていると実感し、自分が承認される。

　農業は、栽培計画をたて、種を播き、収穫するまでの一連の流れであり、学校のグランドを一周走るようなもの。スタート地点とゴール地点が一緒で、家を出て家へ帰ってくる。旅と同じだ。その間、常に考え、工夫して過ごさねばならない。天候や市場に左右され、どんなハプニングが待ち受けているのか、旅と同様に刺激と感動が多い日々を過ごす。それを毎年続ける。

自分だけでなく、他人の幸せも望む。その幸せは、人間だけでも暮らす地域だけでもなく、地球全体の環境を考え、子孫の暮らしを念頭に生きる。

お金の大事さを知っているが、お金以外にも、生きていくことができる強力な手段を持っている。それは、食料であり人的関係資本である。だから、心に十分な余裕がある。

ホストたちは、どのように進めばよいのか、ときには迷う。迷いつつ、天候や自然の流れに身を任せながら、偶然に感謝し、さまざまな人に会い、考え、一歩ずつ自分の道を進む。多様な世界に気がつく。自分の存在が他人に影響を与える。

面倒な生き方だけれど、心を固定させず、常に自分の軸足をどこに定めればよいのか考えながら歩む旅の心を持つことが、幸せを感じる入り口になるはずだ。

二　人生に旅を

都会のねずみはある日、田舎のねずみに会いに行った。そして、田舎ねずみがするように収穫の手伝いをしてみたが、慣れない仕事で苦労した。毎日よくこんな根気がいる作業をしているなあ。でも、食べ物がとびきりおいしい。質素ながらもすがすがしい暮らしを送る田舎ねずみの生き方に感心したけれど、薪割りは一時間でギブアップしたし、虫の鳴き声は風流というより意外にうるさい。都会も田舎もいい点があるし、悪い点もある。どこでどう生きていくかは、自分自身にかかっているのだろうな。

田舎で暮らすジェリーは、都会暮らしに憧れていた。機会をつかみ、都会へ旅立った。人が多く、光きらめく街中は刺激的だ。クラシックコンサートもロックコンサートも常にどこかで開かれている。素敵だ。だけど、都会のざわめきの中、一人寂しく暮らしている人びともいるようだ。ホームレスの人も見かけた。どんな思いで日々を送っているのだろう。光には陰があるのか。

ねずみたちはこんなふうに、体の移動だけでなく、感覚と知性を持って旅をするとよかったのだ。

旅をしていると、視覚、聴覚、嗅覚、味覚、触覚の五感が冴えてくる。見知らぬ場所、見知らぬ人たちの中、マイノリティの状態で、多少の緊張と不安が混じる。だが、不安感から自分の気持ちを閉じてはダメだ。異なる場所と相手に対して、自分の頭の中の固定した考えだけで解決してもダメなのだ。それでは、イソップのねずみになってしまう。

心をまっさらな状態にして、スポンジのように見るもの聞くものを吸収させる。自分の価値観の中に相手の価値観を含ませ、シャッフルしてみる。その結果どんなものが残るのか。自分の今の軸がそのままでよいのか違うのかは、こうして心に旅の気持ちを入れることで答えが見つかる。

そして、新しく軸を見つけたときにも、固定させない。どこにバランスをとったら自分にとってよいのか、家族にとってよいのか、この社会にとってよいのか。常に考え、感じながら、場所を移動する。白と黒の間には、濃いグレーや薄いグレーもあれば、白が下地で黒がマーブル模様に入り込むときもあれば、その反対もある。あの道もこの道もその道も人生にはある。上下や勝ち負けを判断してしまう他者の目線に合わせず、動きつつ軸を自分で定めていけばいい。

タコツボとかタテ社会という閉鎖的な空間から出たり入ったり、別な場所でも生きていける柔軟な動きのある流れは、自ら発生できる。そんな伸びのある動きは、人の心に事故を生じさせない。仮に心に深い傷を負ったとしても、回復していけるエネルギーを生み出してくれる。

旅を人生に入れて生きよう。

この「旅」は本来の「旅」であると同時に、メタファーでもある。それは、心を動かすことだ。旅は思い込みをはずしてくれる。何度でもチャレンジできる。日々の学習であり、多様な価値観を知り、感謝の心を持ち、寛容性を鍛える。人生に不平を言わないようにするための処方箋であり、少しずつ自分を向上させ、まわりをも刺激する。旅は感動だ。動いて、感じて、考えてみよう。

（1）二〇一五年四・五月に実施。回答者は英語版一〇七二人、日本語版三三四人、合計一四〇六人。
（2）モースは、先に紹介した『自殺論』の著者デュルケームの甥だという。
（3）驚くことに、こんなステレオタイプを持つ人が案外少なくないのかもしれない。「有機農家の集りに行って失望した。なぜなら、どうやって儲けを出したらよいか、と経済的な問題についても話し合っていたから」なんていう声を聞いたことがある。なんとまあ。いくら「大より小」の精神の有機農でも、それは程度の問題である。有機農家が清貧でなくてはならないという思考はやめるべきだ。しっかり数字も頭に入れながら、たまにレジャーしたり海外旅行に行ったり、人として楽しむのは当然だろう。
（4）二〇一五年度のテレビ朝日『報道ステーション』のコメンテーターでもあった。
（5）金子美登さんの言葉。『有機農業の技術と考え方』（中島紀一、金子美登、西村和雄編著、コモンズ、二〇一〇年）。

おわりに

朝八時ごろ、東京、大阪、名古屋や札幌などの大きな駅の構内に行くと、重い空気が漂っているように感じ、体のあちこちにツンツンした刺激を受け、胸が縮こまる気持ちがしてきます。急な川の流れのように人が移動していく様子を見て、これを毎日続けている人たちはすごいなあ、と感嘆しつつも、同時に、皆さん本当に大丈夫なのか、と心配になります。私が感じているような圧迫感を胸にかかえていたけれど、感覚を鋭敏にしていると体を壊してしまうので、オン・オフのスイッチを心につくり、調節の仕方を身につけて暮らしているのでしょうか。

当然、そのダイナミックな雰囲気が大好きで、幸せを感じている人たちは、たくさんいることでしょう。しかし、はたして全員がそうなのか。その地に住み続けなくてもよい人が、少々苦しいけれど、惰性で何年間も生活している場合もあるのではないか。別の暮らし方を選択することが、自分にピッタリなのかもしれないのに、心を固くしてしまい、幸せを自ら遠ざけている人も、もしかするとたくさんいるのではないか。通り過ぎる人の顔をちらちらと見ながら、なんだか残念で、もったいないなあと感じます。

毎日、重苦しく感じていたり、あるいは、人生を振り返り、あのときにあっちへ進んでいたら今ごろこうだったのに、残念だったなあと思っていたら、その人は現在幸せではないでしょう。棚からボタ餅的に幸運が来るのを待つばかりだったり、人をうらやんだり、ねたんだり、まわりが変わるべきだと不平を言ったりしていたら、やはりその人は幸せではないでしょう。そうであれば、他人がどうのというよりも、まずは自分が変わっていかなくてはならないんだと思います。

がんじがらめ、しがらみばかりで、私はこのままの道を行くしかないと思っている場合でも、もしかしたら動けなくしているのはまわりではなく、自分自身かもしれません。こうあるべき、これしかない、と自分の心に透明な鎧を身につけた状態にしているのは、誰なのか。それは私であり、つけてしまった人も私かもしれません。当然、はずすのは自分しかいないんじゃないでしょうか。

人は動けるんです。気軽に旅行したり長い旅に出てみれば、自分を振り返り、他者を見て、まわりを見つめて、想像したり、じっくり考えたりできるはずです。仮に、体を動かす旅ができなくても、本を読んで、映画を観て、心の旅はいつでもできます。すると、多様な価値観に出会うはずです。そして、偶然を自分の味方に引き寄せ、身のまわりに起こることに感謝していけば、新しい道を突き進んでいくことができるでしょう。

まずは、小さな決断でいいと思います。自分に合うと思えることを一つずつ、考えながら選択していくことが大切でしょう。これだ、と思った道を歩んでみて、うまくいかない結果になったとしても、またそこに新たな分岐点をつくり、別の道を渡っていくことができます。もし、穴に入りたいくらい恥ずかしいことや大きな失敗をしたとしても、再度のチャレンジは必ずできますから。大丈夫、なんとかなるんです。


現ウーファーさん、元ウーファーさん、そして、ＷＷＯＯＦホストの皆さん、ありがとうございました。本書には皆さんたちの声がたくさん入っています。

ホストの皆さんには、いつも心を動かされています。湧き上がる熱い思いと人生の歩みは、今幸せに思っていない人たちに青色の信号を掲げる存在であると強く確信し、長い間、どうにかして言葉にして発信しなければ、と使命感で燃えていました。道は遠かったのですが、やっとの思いで、燃え尽きてしまわずになんとか完成できました。

ホストの皆さんの暮らし方をヒントにして、少しでも自分の進む方向が見える人が出てくるとよいなあと心から願っています。これからも、新しい刺激的な出会いをつくり、交流して、自分をますます高めていってください。

事務局のみんな、弘美さん、育代さん、九谷さん、ボルタルさん、千代子さん、進さん……。ここにすべての方のお名前をあげられないくらいに、たくさんの人たちから力強いサポートをもらい、お陰様で私はいつも安心していられます。ありがとうございます。

コモンズの大江正章さんには、全国での講演やＮＰＯ代表理事としてのご活動なども含めて、目のまわるようなお忙しい時期にもかかわらず、適切なご指導をいただき、たいへん感謝しています。ありがとうございました。

最後に、この本を手に取ってくださった方々、本当にありがとうございました。気持ちのよい人生を送られることを強く、強く願っています。

二〇一六年初夏

星野　紀代子

と。事務局に WWOOF 状況報告を送付できること。詳細はウェブサイト参照。

■外国での WWOOF

WWOOF は世界各国に組織がある。本部はなく、各国が独自に運営している。国ごとの WWOOF 登録が必要。たとえば、日本でウーファーであっても、外国で WWOOF する場合は、事前にその国の WWOOF 登録をしなくてはならない。登録金額は国によって異なる。

オーストラリア、ニュージーランドなど WWOOF ジャパンサイトで案内されている国については、WWOOF ジャパン事務局で登録が可能だが、ほかの国の場合、直接、海外の WWOOF 事務局で WWOOF 申請することになる。WWOOF ジャパンのウェブサイトの「海外で WWOOF」のページ参照のこと。

◎ WWOOF 申請についての質問は、WWOOF ジャパンのウェブサイトのお問合せフォームで、受け付けしています(回答が来ない場合は、メールが「迷惑メール」ボックスに入ってしまっていないかをご確認ください)。

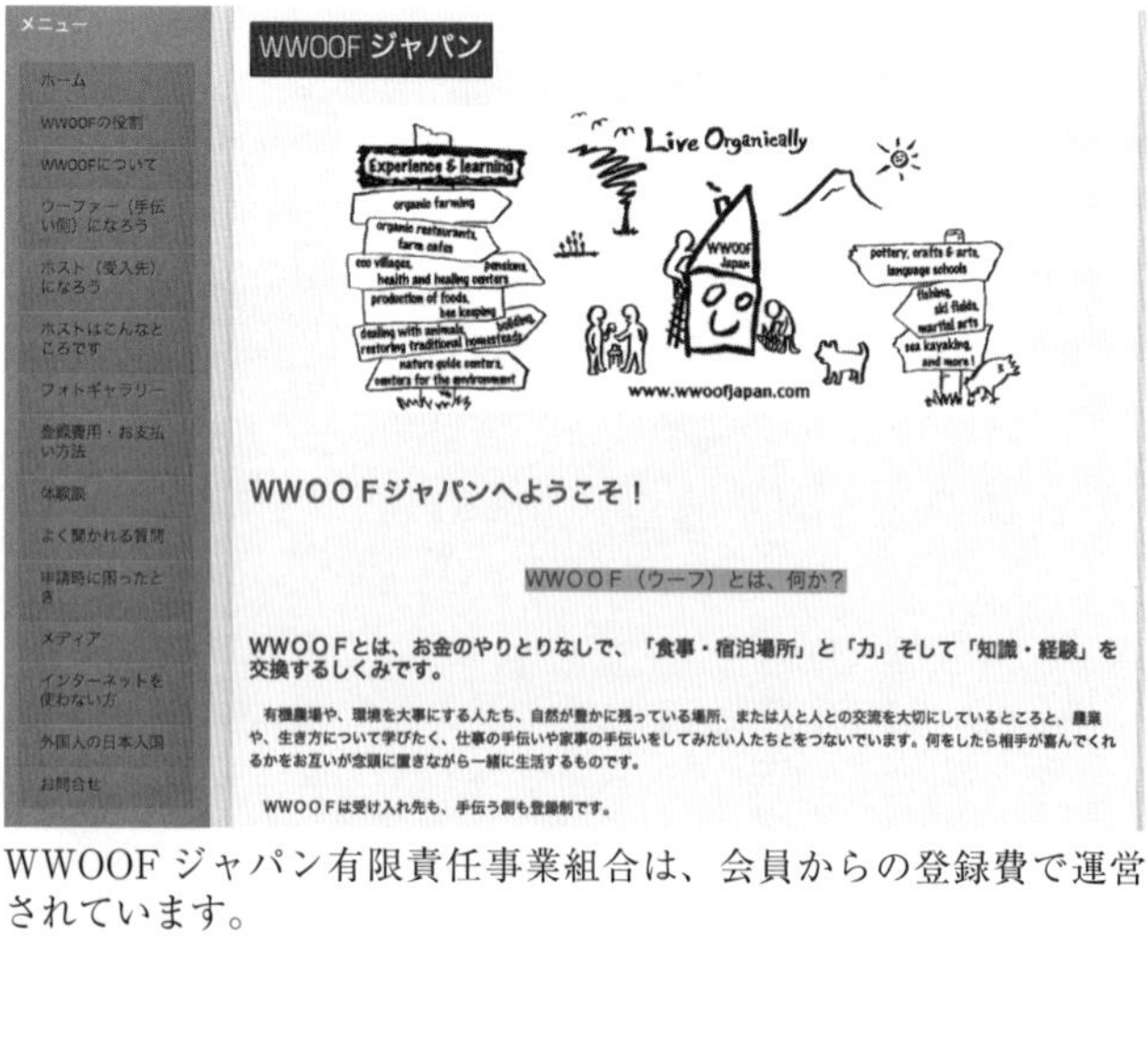

WWOOF ジャパン有限責任事業組合は、会員からの登録費で運営されています。

部屋はホスト母屋にある空き部屋や、別棟にある部屋を単独で、あるいは家族のメンバーや、ほかのウーファーたちと共同で、使用する。

◆持参品

ウーファー許可証、身分証明書(呈示するため)、汚くなってよい服あるいはお手伝いに適した服、歯ブラシ、顔拭きタオルとバスタオル、石けん、シャンプー(ホストにより、土を汚さないものを使うように指定されるときもある)、農場では長靴、帽子などが必要。WWOOF は保険が含まれていないので、各自が準備すること。そのほか必要なものは、ホストプロフィールで各ホストが指示している。

◆注意点

幸せな暮らし方をしているホストが多いので参考になることが多々あるはずだが、ホストは普通の人でもあるので、あまりにも期待(理想の巨大化？)し過ぎないように。ホスト家族は多様で各自性格も異なり、人生の目的も価値観もそれぞれである。人と人とは相性もある。何か生じたら、まず話し合い。しかし、どうしてもうまくいかないようなら、お互いのために、早めに滞在期間を短縮することを伝え、ほかのホストへ移動すること。

ホスト登録

日本国内でホストの登録を希望する場合、ウーファーとは異なり、WWOOF ジャパンホスト登録認定審査があり、それを通過することになる。そのため、オンライン申請を送信する前に、WWOOF ジャパンのウェブサイトのメニュー「ホストになろう」を読み、申請の準備が必要。

◆ WWOOF ジャパンホスト登録費

初年度年間 8,500 円

＊継続：2 ～ 4 年目 7,800 円、5 ～ 7 年目 5,800 円、8・9 年目 4,800 円、10 年目以上 3,800 円

◆ WWOOF ジャパンホスト申請の条件

有機農を実践、または深い関心があること(有機農業を営むところ、有機農業に移行中のところ、オーガニックな思考をもつところ)。ウーファーを「家族のような友達同士」と考え、コミュニケーションができる心の余裕があること。食事と寝泊まりの場所を提供できること。何か特定の思想など強く持っていず、多様な価値観を尊重できるこ

ストを送り、ホスト名、住所、行き方のページを開示してもらう(このときまでホストの個人情報はプロフィールに表示されない)。

⑩会員ページにログインし、自分の「ウーファー許可証」を印刷しておく。

⑪ WWOOFの旅へ出発。

⑫ WWOOFホスト宅へ到着後、ウーファー許可証を提出し、身分証明書を呈示し、オリエンテーションを受ける。WWOOFが開始となる。

◆ **WWOOFが可能な年齢**

年齢に上限はない。下は、自立した思考を持つ16歳から可能であるが、自らの意志を持ったうえでの参加で、かつ保護者の許可を取らなければならない。

◆ **手伝い内容**

ホストの家族の一員として、家族の日常生活の手伝いをする。内容は、草取り、種まき、収穫、剪定、動物の世話、生産物の梱包配送、加工品作り、大工作業、事務作業、食事作り、皿洗い、掃除、子守り、子どもへの勉強指導など各ホストにより様々。時間のめどは一日およそ6時間。一週間以上滞在するときには、一週間につき一日がお休み。

◆ **WWOOFの滞在期間**

ウーファーの一カ所のホストでの平均滞在期間は2週間ほどだが、人によって色々。4、5日間のみ滞在する人や、1カ月より長く滞在するウーファーもいる。あるいは、週末に同じホストへ行き、何度もリピートWWOOFする人もいる。ウーファーと、ホストの希望をすり合わせて滞在期間を決定する。

WWOOF登録期限内なら、何カ所でもWWOOFすることができる。また、継続手続きをすることで何年でもWWOOFすることができる。

◆ **食事と泊まる場所**

WWOOFは家族のようになって一緒に暮らす交換の仕組みであり、食事代と宿代はかからない。ホスト宅では、通常ホスト家族と一緒になって食事する。料理はホストが作るほか、一緒に作ったり、あるいは料理をまかされる場合もある。なかには、用意された食材を使って自炊する形式になっているところもある。もしも、嗜好品や特別に必要な食べ物があるとしたら、ウーファー自身が購入することになる。

WWOOF ジャパン登録方法

WWOOF するには、WWOOF 登録が必要です。旅人側なら「ウーファー登録」を、農家側なら「ホスト登録」をご覧ください。インターネット申請です。

www.wwoofjapan.com

申請方法や登録費などが変更になる場合があるので、必ず、最新の情報についてウェブサイトでご確認ください。

■日本での WWOOF

ウーファー登録

自主性を持ち、ホストのために何か役立つことができ、同時に自分も楽しみながら何か得ることができると考えるなら、ウーファー申請が可能。

◆ WWOOF の流れ

①WWOOF ジャパンのウェブサイトを開け、各メニューページを読む。

②「ウーファー申込み書」をクリックし、申請書を送信する。

③年間ウーファー登録費を送金する。

初年度年間 5,500 円

＊継続の場合：2 年目 5,000 円、3・4 年目 3,000 円、5 年目以上 1,500 円

④WWOOF 登録が完了になると、お知らせメールが届く。

⑤WWOOF 会員のページへ進み、「WWOOF 心構えと方法」や「使用方法」などのページをよく読む。

⑥自分のプロフィールに写真を入れる。編集が必要であればプロフィール内容を調節する。

⑦希望の都道府県のホストリストを開け、希望する地域のホストプロフィールを読む。

⑧興味あるホストへメッセージ機能を使って、希望の日や期間を記載し、申込みメッセージを送信する。あるいは、疑問点などがあれば問合せのメッセージを送る。

⑨ホストから受け入れ承諾の回答を得たら、個人情報開示リクエ

〈著者紹介〉

星野　紀代子（ほしの・きよこ）

1963年、北海道・十勝生まれ。

北海道大学公共政策大学院修了。銀行勤務後、数年間の旅に出る。

1994年にWWOOFジャパンを設立し、現在WWOOFジャパンLLP共同代表。WWOOFジャパンについてはwww.wwoofjapan.com参照。

共著＝『泥だらけのスローライフ』（実業之日本社、2003年）。

旅とオーガニックと幸せと

二〇一六年八月一日　初版発行

著　者　星野　紀代子

発行者　大江正章
発行所　コモンズ
東京都新宿区下落合一―五―一〇―一〇〇二
TEL〇三（五三八六）六九七二
FAX〇三（五三八六）六九四五
振替　〇〇一一〇―五―四〇〇一二〇
info@commonsonline.co.jp
http://www.commonsonline.co.jp/

印刷・東京創文社／製本・東京美術紙工

乱丁・落丁はお取り替えいたします。
ISBN 978-4-86187-136-8 C 0036